음즐록
(陰隲錄)

鄭佑永 해역

『음즐록(陰隲錄)』이란 어떤 책인가?

　음즐(陰隲)이란 말은 『서경(書經)』 주서(周書) 중 홍범(洪範)편에 나오는 말로 "하늘이 아무도 모르게 사람의 행하는 것을 보고 화와 복을 내린다."는 뜻에서 딴 것이다.
　『서경』 홍범편을 보면 주나라 무왕이 현인인 기자(箕子)를 찾아가 말하기를
　"오호라, 기자여! 오직 하늘이 남모르게 아래 백성들의 운명을 정해 주고 서로 도와 살게 한다."
　라고 하였다. 여기서 하늘이 은밀하게 사람의 행동을 보고 화와 복을 정한다는 뜻인 음즐이란 낱말을 찾아 책 이름으로 한 것이다.
　곧, 음즐이란 하늘이 아무도 모르게, 그리고 묵묵히 사람의 운명을 정하여 백성을 각자 알맞는 생업에 종사시켜서 나라를 안정시킨다는 뜻인데 하늘이 무엇에 의해 안정시키느냐 라는 것은 『서경』 홍범편에 그 내용이 나열되어 있다.
　모든 사람은 오복을 받고 여섯 가지 곤액[六極]을 치를 수 있다고 되어 있어 "하늘은 담담히 인간의 행위를 보고 복을 내리거나 화를 주거나 하는 것이므로 사람은 하늘의 뜻에 따

라 행동하면 안정된 생활을 할 수 있다."는 것이다.

하늘의 뜻에 따라 행동한다는 것은 우리들이 음덕(陰德)을 쌓으면 하늘이 반드시 그것을 지켜보아 복을 내리고 나쁜 짓을 하면 그것을 보아 두었다가 흉보(凶報)를 내린다는 것으로 하늘을 우러러보는 외천(畏天) 사상이다. 다시 말해 불교에서 말하는 인과응보(因果應報)의 귀결이다.

이 사상은 넓게 동양인의 인생관에 근저를 이루고 있는 것으로 유(儒)·불(佛)·도(道)의 세 사상에 의해 융화 일체가 되어 민중교화의 규범이 되었다고 생각된다.

이 음즐록을 쓴 원료범(袁了凡)의 집안은 원래 강남의 호족이었으나 명(明)의 영락제에게 탄압을 받아 가산을 잃고나자 그의 집안의 가훈에는 '관리는 되지 말고 의원이나 되라'고 하였다고 전한다.

요범의 증조부 호(顥)가 18세 때 벼슬길에 오르려고 현시에 응하려 하자 그의 부친 기산(杞山)이 "다만 양민을 위해 세상을 살아가려 한다면 어느 직업이 이보다 즐거울 수 있겠느냐."라면서 과거응시를 말려 다시 의술을 업으로 삼았다고 한다.

기산(杞山)은 경학(經學)에 통달하고, 역시서(易詩書), 삼례(三禮), 춘추삼전(春秋三傳) 등에 대한 글을 남겼다.

또한 요범(了凡)의 아버지 인(仁)도 박학다식하여 오교(五敎)의 이론에 통달하고 『모시혹문(毛詩或問)』 『폄채편(砭蔡編)』 『기년류편(紀年類編)』 『일라집(一螺集)』 『정위잡록(廷幃雜錄)』 등의 저서가 있다.

요범은 이런 환경의 가정에서 자랐다.

요범의 성은 원(袁), 이름은 표(表), 나중에 황(黃)으로 바꿨다. 자(字)는 곤의(坤義) 또는 의보(儀甫)라고도 했으며 오강(吳江) 사람이다. 처음에는 학해(學海)라고 호를 불렀는데 운곡선사와의 해후로 숙명론의 미몽을 깨우치고는 요범이라고 바꿨다.

요범의 생애는 이 음즐록 입명편에 자세히 서술되어 있다.

그는 어린시절에 아버지를 여의고 어머니 슬하에서 자랐다.

그의 어머니는 원씨집안이 대대로 의원을 업으로 했기 때문에 요범에게 의학공부를 하도록 명하였다. 어머니의 명에 따라 벼슬길로 나가는 것을 포기하고 절에 들어가 의학공부를 하였다.

그러던 중 자운사(慈雲寺)에 놀러갔을 때 운남(雲南) 사람으로 공(孔)씨라는 노인을 만났다. 이 공노인은 역술에 통달했는데 특히 소옹(邵雍 : 소강절)의 황세정전(皇世正傳)을 통달해 그의 일생의 점괘를 보아 주었다.

이 노인이 점괘를 뽑은 대로 요범이 과거에 급제하는 등 만사에 적중하여 요범은 운명론자가 되었다.

그러나 요범은 북경 사하산(棲霞山)에 가서 운곡선사(雲谷禪師)를 만나 그에게 입명(立命)에 관한 이야기를 듣고 깨달은 바가 커서 자기의 운명을 정해진 그대로 받아들일 것이 아니라 스스로 개척해 나가기로 했다.

이때가 명나라 목종(穆宗)의 경륭(慶隆) 3년(1569년)이다.

이렇게 운명을 개척하기 위해 선행(善行)을 실천해 나가는 방법을 글로 써서 남긴 것이 바로 이 음즐록(陰騭錄)이다.

그는 그후 수십년에 걸쳐 많은 선행을 하게 된다.

1580년에 그는 3천가지 선행(善行)을 하기로 결심하여

1584년에 3천가지 선행을 완료하고는 다시 1만가지 선행을 하기로 작정했다.

1586년 진사시험에 급제하고 보지현(寶坻縣)의 지방장관이 되었다. 1만가지 선행을 할 것을 작정한 뒤인데 선행을 할 기회가 줄어들어 근심하고 있을 때 신선이 꿈에 나타나 방법을 일러주어 그대로 따랐는데 그 방법이라는 것은 고을의 세금을 내리는 것이었다.

보지현에서는 농경지 100이랑에 2푼3리7호의 쌀을 세금으로 받았는데 1푼4리6호로 줄여 주었다. 많은 백성들의 세금을 덜어 주어 덕행을 몸소 실천한 것이다.

그후 요범은 병부직 방사주사에 발탁되어 일본의 풍신수길(豊臣秀吉)이 일으킨 임진왜란 때 명나라 제독 이여송(李如松)과 더불어 송응품군(宋應品軍)의 무사로 조선땅을 밟기도 했다. 요범이 참가한 이여송군은 함경도에서 일본의 가등청정군과 일전을 벌여 승리를 거뒀다.

1593년, 관직에서 물러나 집안에 은거하며 독서와 참선으로 생활하는 한편 궁핍한 사람들에게 먹을 것을 나누어 주는 등 선행을 계속 베풀었다.

요범은 공선생으로부터 53세 때 세상을 떠날 것이라는 운명의 예언을 받았으나 덕행과 선행으로 74세의 수를 누리고 세상을 떠났다.

명나라 세종(世宗)의 가청(嘉請)연간으로부터 만력(萬曆)의 30수년간까지 생존한 것이 되는데 그의 생졸(生卒) 연월은 분명치가 않다.

차 례

『음즐록(陰隲錄)』이란 어떤 책인가 / 3

전집(前集) / 13

제1장 하늘의 명(命)을 따르다[立命] / 15

1. 공노인(孔老人)과의 해후(邂逅) / 15
   가. 운명적인 만남… / 15
   나. 나의 운수를 미리 예언하다… / 17
   다. 모든 것이 예언과 적중하였다… / 19

2. 운곡선사(雲谷禪師)를 찾다 / 21
   가. 운곡선사(雲谷禪師)와의 대화… / 21
   나. 그대의 추산당한 운명은 어떠한가… / 25
   다. 자식이 없는 이유… / 27

라. 하늘은 터럭 만큼도 사심이 없다… / 29

　3. 운곡선사의 가르침 / 33
　　　가. 3천가지 착한 일을 행하다… / 33
　　　나. 하늘의 명(命)을 받드는데 있어서는… / 35

　4. 학해(學海)를 요범(了凡)으로 고치다 / 38
　　　가. 바다를 배운다는 뜻에서 학해(學海)라 했다… / 38
　　　나. 과거에 1등으로 합격하였다… / 40
　　　다. 3천가지 착한 일을 다했다… / 42
　　　라. 꿈속에서 한 신인(神人)을 만났다… / 45

　5. 하늘의 명(命) / 48
　　　가. 늘 쓸쓸한 때를 생각하라… / 48

제2장 겸손하고 허심탄회 하라〔謙虛〕/ 51

　1. 겸손하고 허심탄회 한 것의 효과 / 51
　　　가. 하늘의 도는 겸손한 곳에 보태준다… / 51
　　　나. 지극히 겸손했던 정빈(丁賓)… / 52
　　　다. 행동을 변화시킨 풍개지(馮開之)… / 54
　　　라. 정직하고 믿음이 있는 이제암(李霽岩)… / 55
　　　마. 여러번 낙방을 한 조광원(趙光遠)… / 56
　　　바. 조정(朝廷)에서 본 하건소(夏建所)… / 57

사. 도사에게 굴복한 장외암(張畏岩)…/59
아. 저는 가난한 선비입니다…/61
자. 꿈속에서 과거 합격자 명단을 보았다…/62
차. 공명에 뜻을 가지면 공명을 얻는다…/64

제3장 착한 일을 많이 하라[積善]/67

1. 선행(善行)을 쌓다/67
   가. 좋은 일을 많이 한 집안에는…/67
   나. 사람만을 구한 양영(楊榮)의 선조들…/69
   다. 죄수를 잘 돌본 양자징(楊自懲)…/71
   라. 죄없는 사람 만명을 살린 사도사(謝都事)…/73
   마. 경단을 만들어 베푼 임씨(林氏)…/75
   바. 시체를 구한 풍탁암(馮琢庵)의 아버지…/77
   사. 귀신들을 두려워하지 않은 응상서(應尙書)…/79
   아. 순무사(巡撫使)에 오른 서식(徐栻)…/81
   자. 감옥 속에서 잠을 잔 도강희(屠康僖)…/83
   차. 데릴사위가 된 포빙(包憑)…/85
   카. 죽을 죄인을 살려낸 지립(支立)의 아버지…/87
   타. 실증적인 것 10가지는 착한 것에 귀결된다…/89

2. 인연을 따라 대중을 구제하는 것/91
   가. 그 10가지의 내용…/91
      ① 남과 함께 착한 일을 하는 것…/93

② 사랑하고 공경하는 마음을 보존하는 것 ··· / 96
③ 남의 아름다운 것을 이루어주는 것 ··· / 98
④ 남에게 착한 일을 행하도록 권하는 것 ··· / 100
⑤ 남의 위급한 것을 구제하는 것 ··· / 102
⑥ 큰 이익을 세우는 것 ··· / 103
⑦ 재물을 베풀어 복된 일을 하는 것 ··· / 104
⑧ 정법(正法)을 지키고 보호하는 것 ··· / 105
⑨ 높은 사람과 어른을 공경하고 존중하는 것 ··· / 106
⑩ 사물의 생명을 사랑하고 아끼는 것 ··· / 107

후집(後集) / 113

제4장 잘못을 고치다〔改過〕/ 115

1. 말과 행동을 보고 잘못을 안다 / 115
   가. 덕이 많은 사람은 복을 얻는다 ··· / 115

2. 부끄러워하는 마음을 아는 것 / 117
   가. 부끄러움이 없는 것은 짐승과 같다 ··· / 117

3. 두려워하는 마음을 일으키는 것 / 118
   가. 백년 동안의 나쁜 것을 씻는다 ··· / 118

4. 용맹한 마음을 일으키다 / 121
    가. 독사가 손가락을 깨물면… / 121

5. 잘못을 고치는 것 / 123
    가. 일하는 것으로 잘못을 고치는 것… / 123
    나. 이치를 터득함으로부터 잘못을 고치는 것… / 124
    다. 마음으로부터 잘못을 고치는 것… / 127

제5장 공덕과 죄업의 조목〔功過格疑〕/ 133

1. 공덕(功德)의 50가지 표준 / 133
    가. 백가지의 공덕(功德)에 해당되는 일〔準百功〕… / 133
    나. 50가지의 공덕에 해당되는 일〔準五十功〕… / 134
    다. 30가지의 공덕에 해당되는 일〔準三十功〕… / 136
    라. 10가지의 공덕에 해당되는 일〔準十功〕… / 137
    마. 5가지의 공덕에 해당되는 일〔準五功〕… / 138
    바. 3가지의 공덕에 해당되는 일〔準三功〕… / 140
    사. 하나의 공덕에 해당되는 일〔準一功〕… / 141
    아. 백전(百錢)을 써서 하나의 공덕에 해당되는 일… / 145

2. 허물의 50가지 표준 / 148
    가. 백가지의 허물에 해당되는 일〔準百過〕… / 148
    나. 50가지의 허물에 해당되는 일〔準五十過〕… / 149

12 음즐록(陰隲錄)

　　다. 30가지의 허물에 해당되는 일〔準三十過〕… / 150
　　라. 10가지의 허물에 해당되는 일〔準十過〕… / 151
　　마. 5가지의 허물에 해당되는 일〔準五過〕… / 152
　　바. 3가지의 허물에 해당되는 일〔準三過〕… / 155
　　사. 한 가지의 허물에 해당되는 일〔準一過〕… / 157
　　아. 백전(百錢)으로 하나의 허물에 해당되는 일… / 160
　　자. 공덕과 과실의 실적… / 162

제6장 부록(附錄) / 164

　1. 과거 합격의 중요한 언어(決科要語) / 164

전집(前集)

제1장 하늘의 명(命)을 따르다〔立命〕
제2장 겸손하고 허심탄회 하라〔謙虛〕
제3장 착한 일을 많이 하라〔積善〕

제1장 하늘의 명(命)을 따르다〔立命〕

1. 공노인(孔老人)과의 해후(邂逅)

가. 운명적인 만남

나는 어렸을 때 아버지를 여의었다.

늙으신 어머니께서 나에게 말씀하였다.

"과거시험 공부를 버리고 의술(醫術)을 배워 너 자신도 병에 걸리지 않고 오래 살며 남들도 구제해 주도록 하여라. 이러한 것은 너의 아버지께서 살아계실 때의 뜻이기도 하다."

나중에 나는 자운사(慈雲寺)에 있게 되었는데 그때 어떤 노인을 만났다.

그 노인은 긴 구렛나루 수염이 잘 가다듬어져 위엄 있어 보였으며, 그 수염이 바람에 나부끼는 표연한 모습은 꼭 신선처럼 보였다. 나는 노인에게 예를 다하여 공경하였다.

노인이 나에게 말하였다.

"그대는 벼슬길로 나아갈 사람이네. 다음해에 곧 벼슬길에 오를텐데 어찌하여 글을 읽지 않는가?"

나는 글을 읽지 않는 까닭을 알려 주었다.

내 말을 듣고나서 그 노인이 말하였다.

"나는 성(姓)이 공(孔)이고 운남(雲南)에 사는 사람으로 소자(邵子: 소강절(邵康節). 이름은 옹(雍))가 정통적으로 전수한 황극(皇極)의 비법(祕法)을 얻었다. 마땅히 그대에게 전해주려고 만리나 되는 먼 길을 찾아왔는데 내가 어디 머무를 만한 곳이 있겠는가?"

나는 공노인을 모시고 집에 돌아와서 어머니께 공노인에게 들은 것을 알리자 어머니께서 말씀하셨다.

"그 분을 잘 대접해 드려라."

그 노인이 유추하여 말씀한 것을 직접 시험하여 보니 다 그의 말과 부합하였다. 그래서 나는 드디어 글을 읽기로 생각을 바꾸었다.

▨사람이 태어나서 한 세상을 살아 가는데에는 어떤 사람을 만나느냐에 따라서 자신의 운명이 바뀌는 것이다.

원료범도 집안의 가훈은 의사로서의 일생을 마치는 것이었으나 공(孔)노인을 만남으로 인하여 일생의 운명이 바뀌는 결과를 가져왔다.

원료범이 좀더 깊은 학문을 하였더라면 이러한 사실을 일찍부터 깨달을 수 있었겠으나 어린시절이었으므로 이러한 사실을 깨닫지 못하고 뒤늦게 깨닫게 되었다는 것이 아쉬울 뿐이다.

자신의 운명을 바꿀 수 있다는 것은 어디까지나 교육의 힘이요, 타(他)에 의지하는 운명론(運命論)은 아닌 것이다. 하늘은 노력하는 자만을 돕기 때문이다.

予童年失怙[1] 老母命棄業[2] 學醫 可養生[3] 可濟人 父夙心[4]也

제1장 하늘의 명(命)을 따르다〔立命〕 17

後予在慈雲寺[5] 遇一老者 修髥偉貌 飄飄[6]若仙 予敬禮之 語予
曰 子仕路中人也 明年卽進學矣 何不讀書 予告以故 曰 吾姓孔
雲南人 得邵子[7]皇極正傳[8]數 該傳汝 故萬里相尋 有何處可棲
止乎 予引之歸家告母 母曰 善待之 試其數悉驗 予遂起念讀書

1) 失怙(실호) : 의지할 사람을 잃는 것. 『시경』에 "아버지가 없으니 누구
   를 의지할 것인가?〔無父何怙〕"라고 쓰여있다.
2) 棄業(기업) : 과거시험 공부를 포기하는 것. 학업을 포기하다.
3) 養生(양생) : 병에 걸리지 않고 오래 살기를 꾀하는 것.
4) 夙心(숙심) : 일찍부터 품은 뜻.
5) 慈雲寺(자운사) : 사찰 이름.
6) 飄飄(표표) : 바람에 나부끼는 모습.
7) 邵子(소자) : 송(宋)나라의 유학자. 이름은 옹(雍)이고 자(字)는 요부
   (堯夫), 시호는 강절(康節)이며 『황극경세서(皇極經世書)』를 지었다.
8) 皇極正傳(황극정전) : 『황극경세서』의 약칭. 천문, 역산(歷算), 오행
   (五行) 등의 주역에 의거하여 철학을 기술한 저서.

나. 나의 운수를 미리 예언하다

공노인은 나를 위하여 나의 운수를 추산(推算 : 계산하다, 예언하다) 했다.

현(縣 : 고을)에서 실시하는 과거시험에서는 14등으로, 부(府)의 시험에서는 71등으로, 도(道)의 시험에서는 9등으로 합격한다고 했다.

다음해에 과거시험을 쳤는데 세 곳에서의 석차가 다 공노인의 말과 똑같았다.

18   음즐록(陰騭錄)

　　공노인이 다시 내 평생의 좋고 나쁜 것을 점치고 나서 말하였다.
　　"아무 해의 과거시험에 몇등으로 합격한다. 아무 해에 마땅히 녹봉을 받는다. 아무 해에 마땅히 공생(貢生)이 되고, 공생이 된 뒤 아무 해에 마땅히 사천(四川) 땅의 부(府)나 현(縣)의 지방장관이 될 것이다. 지방장관에 재임한 지 2년 반만에 곧 휴가를 청하여 고향으로 돌아간다.
　　그대 나이 53살 되는 8월 14일 축시(丑時)에 마땅히 정침(正寢 : 집)에서 죽는데 애석하게도 그대에게는 자녀가 없다."
　　나는 공노인의 그 말을 기록하고 마음에 새겨 두었다.
　　▨예언자의 말을 믿는다는 것은 현실론에서는 불가능한 것이다. 그러나 운명론을 믿는 사람들에게는 사실로 인정되어 오고 있다.
　　당시에도 운명론은 명(明)나라의 일반 민중 속에 깊이 뿌리박혀 있었다. 또 명(明)나라의 당시 일반 민중에게는 도사(道士)의 기행 이론이 성행(盛行)하던 시기이므로 서민 사회일수록 신앙과 마찬가지로 저변에 자리잡고 있어서 사실처럼 인식되어 오고 있었다.
　　저자인 원료범은 어렸으므로 더욱 신뢰가 깊었다고 하겠다.

孔爲予起數[1] 縣考[2]第十四名 府考[3]第七十二名 道考[4]第九名 明年赴考[5] 三處名數[6]皆合 復爲卜終身休咎[7] 言 某年考第幾名 某年當補廩[8] 某年當貢[9] 貢後某年 當選四川[10]一大尹[11] 在任二年半 卽宜告歸[12] 五十三歲八月十四日丑時 當終于正寢[13] 惜無子 予謹錄而識之

1) 起數(기수) : 운수를 추산하는 것. 곧 미리 예언하는 것.
2) 縣考(현고) : 고을에서 시행하는 과거시험.

3) 府考(부고) : 큰 고을에서 시행하는 과거시험.
4) 道考(도고) : 도에서 시행하는 과거시험.
5) 赴考(부고) : 과거에 나아가다.
6) 名數(명수) : 석차. 등수.
7) 休咎(휴구) : 아름다운 것과 흠. 길흉(吉凶).
8) 補廩(보름) : 관리로서 녹봉을 받는 것.
9) 當貢(당공) : 공생(貢生)이 되는 것. 공(貢)은 천거하다. 공생(貢生)은 부(府), 주(州), 현(縣)의 생원(生員)시험에 합격하여 태학(太學)에 와서 공부하는 학생.
10) 四川(사천) : 사천성(四川省)을 말한다.
11) 大尹(대윤) : 부(府)나 현(縣)의 장관.
12) 告歸(고귀) : 휴가를 청하여 고향에 돌아가는 것.
13) 正寢(정침) : 여기서의 정침은 관사가 아니고 자신의 고향집.

다. 모든 것이 예언과 적중하였다

공노인의 예언이 있은 뒤로부터 무릇 과거시험을 치르고 나서 그 석차를 비교해보면, 앞 뒤로 다 공노인이 추산하여 예언한 것에서 벗어나지 않았다.

혼자서 계산해보니, 내가 봉급으로 쌀 91섬 5말을 받았을 때 마땅히 공생이 된다는 예측이 되었다. 그런데 내가 봉급쌀 70여 섬을 받았을 즈음 도종사(屠宗師)가 나의 공생되는 것을 결재했으므로 나는 몰래 그를 이상하게 생각했다.

나중에 과연 도종사의 관직을 대리한 양공(楊公)은 도종사를 반박당하게 하였다.

곧바로 정묘년(丁卯年)에 이르러 은추명(殷秋溟)선생이 내가 시험장에서 낸 답안지를 보고 탄식하며 말하였다.

"다섯 편의 답안은 곧 다섯 편의 황제께 올리는 상소문이로다. 어찌 박학하고 널리 사물에 정통한 선비를 집안의 창 아래에서 늙게 만들 수 있으리오?"

드디어 현에서 나를 추천한 글에 의해 나의 공생되는 것이 허락되었다. 이때 내가 과거시험에 합격하여 공생이 되기까지 받은 봉급쌀을 계산해보니 마침 91섬 5말이었다.

나는 이 때문에 더욱더 나아가는 것과 물러나는 것에는 운명이 있고, 일의 느림과 빠름에는 때가 있다는 것을 믿게 되었으며 모든 것을 담담하게 처신하여 억지로 무엇을 구하려 하지 않았다.

▨예언을 기록해 두고 믿는다는 것은 현실사회에서는 잘 인정되지 않는다. 또 공부하는 젊은이로서 당시 자신의 앞날을 예언한 것을 실제생활과 연결시켜서 확인한다는 것은 흔히 있는 일이 아니다. 이러한 행동을 한다는 자체가 어딘가 영적인 감각이나 그에 버금가는 슬기로운 지혜가 있지 않다면 젊은 학도로서는 할 수 없는 행동이다.

이런 것들을 보더라도 어려서부터 남다른 곳이 있다는 것을 느끼게 하는 것이다. 또 어떻게 보면 공(孔)노인을 신화화하는 것처럼 느낄 수도 있다.

인간의 삶이란 노력한 만큼의 결실을 얻는 것이지 어떻게 예언이 맞을 수 있는 것인가. 이러한 것은 불교적인 입장에서나 가능한 것이라 볼 수 있을 것이다.

自此以後 凡遇考較其名數 前後皆不出孔公所懸定者 獨算予

제1장 하늘의 명(命)을 따르다〔立命〕 21

食廩米[1]九十一石五斗當出貢 及食米七十餘石 屠宗師[2]卽批準
補貢 予竊疑之 後果爲署印[3] 楊公[4]所駁 直至丁卯年 殷秋溟[5]宗
師見予場中備卷[6] 歎曰 五策[7]卽五篇奏議[8]也 豈可使博洽淹貫[9]
之儒[10] 老于窓下乎 遂依縣申文準貢 連前食米計之 適九十一石
五斗也 予因此益信進退有命 遲速有時 澹然[11]無求矣

1) 廩米(늠미) : 봉급의 명목으로 받는 쌀.
2) 屠宗師(도종사) : 도(屠)는 성씨(姓氏). 종사는 선생에 대한 경칭.
3) 署印(서인) : 관직을 대리하는 것.
4) 楊公(양공) : 양씨 성을 가진 사람. 양선생.
5) 殷秋溟(은추명) : 어떤 사람인지 알 수 없으나 당시의 학자.
6) 備卷(비권) : 과거시험장에서 쓴 답안지.
7) 策(책) : 과거시험에서 쓰는 문제에 대한 답안.
8) 奏議(주의) : 신하가 제왕에게 올리는 모든 형태의 글에 대한 통칭. 표(表), 주(奏), 소(疏), 의(議), 상서(上書), 봉사(奉事)를 포괄한다.
9) 博洽淹貫(박흡엄관) : 널리 알아 사물에 막힘이 없고 널리 통하여 막힘이 없는 것.
10) 儒(유) : 선비. 완숙된 유학자(儒學者).
11) 澹然(담연) : 조용하다. 무사하다. 담담하다.

2. 운곡선사(雲谷禪師)를 찾다

가. 운곡선사(雲谷禪師)와의 대화

나는 공생이 되어 연경(燕京=北京 : 장안)에 들어간 뒤 연경에서 1년 동안 머물렀다. 돌아오는 길에 남경(南京)의 국자감(國子監)에 들렸으나 관청에는 들어가지 못했다.

먼저 운곡선사를 찾아갔는데 서하사(棲霞寺) 안에서 만나 한 방에서 마주앉아 이야기하며 무릇 사흘 밤낮 동안 눈을 감지 않았다.

운곡선사가 물었다.

"보통 사람이 성자(聖者)가 될 수 없는 까닭은 다만 망념(妄念 : 妄想)에 사로잡혀 서로 얽어 몸을 괴롭히기 때문이다. 그대는 사흘 동안 앉아 있었으나 망념이 일어나는 것을 보이지 않았다."

내가 말했다.

"저는 공선생님에게 평생의 운명을 추산당했습니다. 영광된 것과 욕된 것, 삶과 죽음은 다 정해진 운수가 있다고 봅니다. 그래서 곧 허황된 생각을 갖고자 해도 또한 허황된 생각을 가질 수가 없습니다."

운곡선사가 웃으며 말했다.

"나는 그대를 호걸로 대접했는데 원래는 다만 범부(凡夫)에 지나지 않았다."

내가 그 까닭을 물으니 운곡선사가 말했다.

"사람은 마음을 없앨 수 없으니, 끝내 음양(陰陽)에 의해 묶이게 되는 것이다. 어찌 운수에 따르지 않는다고 할 수 있겠는가? 단지 오직 보통사람에게만 운명이 결정되어 있다. 지극히 선한 사람의 경우에는 운명이 저절로 그를 구속할 수 없다. 지극히 악한 사람 또한 타고난 운명이 미리 정해져 있지 않다고 믿는다. 그대는 20년 동안 공선생이 추산하여 정한 운수에서 일찍이 터럭 만큼도 꿈쩍하지 못했다. 어찌 범부(凡夫)가 아니겠는가?"

내가 물었다.

"그렇다면 타고난 운명에서 벗어날 수 있습니까?"

운곡선사가 말했다.

"자신의 운명은 스스로 만드는 것이고 자신의 복도 자기가 구하는 것이다. 『시경』과 『서경』에서 말하는 것은 정확히 맞는 밝은 가르침이다. 우리의 불교 경전에도 '공명(功名)을 구하면 공명을 얻고, 부귀(富貴)를 구하면 부귀를 얻고, 남녀를 구하면 남녀를 얻고, 오래 살기를 구하면 오래 산다.'라고 쓰여있다. 무릇 망령된 말은 불교에서 크게 경계하는 것으로 모든 부처와 보살들이 어찌 거짓말로 사람을 속이겠는가?"

▨운명에서 벗어날 수 있을까? 이것은 닭이 먼저냐 달걀이 먼저냐의 논란을 부를 수 있는 것이다. 왜냐하면 변화하는 것도 운명이라고 한다면 다른 방법이 없지 않은가.

학문이란 좋고 나쁜 것이 양존하는 것처럼 세상의 모든 규칙에는 좋은 것과 나쁜 것이 상존하기 마련이다.

자신의 운명은 자신이 만들어간다던가, 반대로 자신의 운명은 이미 결정지워졌다던가 하는 말들은 어찌보면 '이어령 비어령' 이론과 같은 것이다.

운명을 만들어가는 것은 운명론자는 그것이 당신의 운명이라고 할 것이요, 다시 개척해 나간다고 하더라도 그것도 당신의 운명이라고 한다면 할 말이 없기 때문이다.

그러나 분명한 것은 자신의 운명은 자신이 개척해 나간다는 것이 정설일 수밖에 없다.

인간은 능동적이어야지 부동의 상태에서는 생명을 유지할 수 있는 기능이 없기 때문이다. 하늘은 항상 적극적인 자에게 복을 준다고 『주역』에도 기록되어 있다.

貢入燕都[1] 留京一年 歸遊南雍[2] 未入監[3] 先訪雲谷會禪師[4]於棲霞寺[5]中 對坐一室 凡三晝夜 不瞑目 雲谷問曰 凡人所以不得作聖者 止爲妄念[6]相纏耳 汝坐三日 不見起一妄念 予曰 吾爲孔先生算定 榮辱死生 皆有定數 卽要妄想[7] 亦無可妄想 雲谷笑曰 我待汝爲豪傑 原來止是凡夫[8] 予問其故 曰 人未能無心 終爲陰陽所縛 安得無數 但惟凡人有數 極善之人 數自拘他不得 極惡之人 他亦恃數不定 汝二十年來 被他算定 不曾動轉一毫 豈不是凡夫 問曰 然則數可逃乎 曰 命自我作 福自己求 詩書[9]所稱 的爲明訓[10] 我教典中說 求功名得功名 求富貴得富貴 求男女得男女 求長壽得長壽 夫妄語乃釋家大戒[11] 諸佛菩薩[12] 豈誑語欺人

1) 燕都(연도) : 명(明)나라의 수도이며 지금의 북경(北京).
2) 南雍(남옹) : 남경의 국자감(國子監). 지금의 대학.
3) 監(감) : 관청.
4) 雲谷會禪師(운곡회선사) : 당시 불가(佛家)의 고승(高僧)인 것 같다.
5) 棲霞寺(서하사) : 운곡선사가 묵는 사찰(寺刹).
6) 妄念(망념) : 허황된 공상.
7) 妄想(망상) : 망념과 같다. 허황된 공상.
8) 凡夫(범부) : 보통 사람. 일반적인 사람.
9) 詩書(시서) : 『시경(詩經)』『서경(書經)』을 말한다.
10) 明訓(명훈) : 좋은 교훈. 밝은 교훈.
11) 釋家大戒(석가대계) : 불교의 비구들이 가지는 250계.

12) 菩薩(보살) : 보리살다의 준말. 대용맹심으로 보리를 구히고 대지비를 펴서 중생을 제도하는 부처의 다음가는 성인.

나. 그대의 추산당한 운명은 어떠한가

나는 나아가서 말했다.

"맹자께서 말씀하기를 '구하면 얻는 것은 구하는 것이 내게 있기 때문이다.'라고 했습니다. 도덕과 인의는 힘써 구할 수 있지만 공명이나 부귀를 어찌 구할 수 있겠습니까?"

운곡선사가 말했다.

"맹자의 말씀은 잘못되지 않았는데 그대는 스스로 그릇되게 이해하였다.

육조(六祖)께서 말씀하기를 '일체의 부처를 공양하여 얻는 복은 가로와 세로가 한 치에 지나지 않는 마음을 벗어나지 않는다.'라고 하였다.

마음을 따라 찾으면 느껴서 통하지 않음이 없다는 것을 느낄 것이다. 구하는 것이 내게 있으면 오직 도덕과 인의를 얻을 뿐만 아니라 또한 공명과 부귀도 얻는 것으로 안과 밖으로 둘 다 얻을 수 있다.

이것은 구하는 것을 얻어서 이익이 있는 것이다.

만약 자기 몸을 돌이켜 스스로 반성하지 않고 다만 바깥을 향하여 달려가 구한다면, 구하는 데 도가 있고 얻는 데 운명이 있어 안과 밖으로 둘 다 잃어버리게 된다. 그러므로 이익이 없는 것이다.

공선생이 추산한 그대의 평생 운명에 대한 내용은 어떠한가?"

나는 나의 운명을 사실대로 알려 주었다.

▨인간이란 노력하면 노력한 만큼의 결실을 얻는 것이다. 자연의 도는 진실한 것으로 그 진실을 보이는 것은 '콩심은 데 콩나고 팥심은 데 팥난다'는 것이다.

이러한 것이 자연이 인간에게 보여주는 진실이라면 인간의 진실이란 열심히 노력하여 자신이 하는 일이 무엇인가를 남에게 보여주는 것이 또한 인간이 남에게 보일 수 있는 최대한의 진실인 것이다.

그러므로 인간은 노력을 하면 노력한 만큼의 소득을 올릴 수 있고 노력을 하지 않으면 소득도 없다.

여기에서 '마음을 따라 찾으면 느껴서 통하지 않는 것이 없다'는 것은 구하는 정성이 얼마만큼 진실하느냐에 따라서 그 결과를 초래한다는 것이다. 곧 '구하라 주실 것이다'라는 예수의 말과도 상통하는 것이다.

予進曰 孟子[1]言求則得之 求在我者也[2] 道德仁義 可以力求 功名富貴 如何求得 雲谷曰 孟子之言不錯 汝自錯解 六祖[3]說 一切[4]福田[5] 不離方寸[6] 從心而覓 感無不通 求在我 不獨得道德仁義 亦得功名富貴 內外兩得 是求有益於得也 若不反躬自省 而徒向外馳求 則求之有道矣 得之有命矣 內外兩失 故無益 孔公算汝終身若何 予以實告

1) 孟子(맹자) : 이름은 가(軻). 자는 자여(子輿). 전국시대(戰國時代)의 철인(哲人). 자사(子思)의 문인(門人)에게 수업을 받았다. 저서로 『맹자(孟子)』 7편이 있다.
2) 求則得之求在我者也(구즉득지구재아자야) : 『맹자』의 진심(盡心)편에 있는 문장.

3) 六祖(육조) : 중국 불교 선종(禪宗)의 여섯째 조사(祖師)인 혜능(慧能). 최초의 조사는 달마대사.
4) 一切(일체) : 모두 다. 남김없이.
5) 福田(복전) : 부처를 공양하여 얻는 복. 부처를 섬기면 복덕이 생기는 것이 밭에서 곡식이 나는 것과 같다는 뜻.
6) 方寸(방촌) : 가로 세로 한 치의 넓이. 마음을 뜻한다.

다. 자식이 없는 이유

운곡선사가 말했다.

"그대가 스스로 헤아려 생각해보고 과거에 급제하는 것인가? 생각해보고 자녀를 낳는 것인가?"

나는 한참을 깊이 생각한 뒤에 대답했다.

"생각하지 않았습니다. 과거에 합격한 사람에게는 그에 따르는 복상(福相)이 있는 것입니다. 저는 복이 엷습니다. 또 공적을 쌓고 덕행을 쌓아서 복의 기초를 두텁게 다지지도 못했습니다.

아울러 번잡하고 번거로운 것을 참지 못하고 사람을 포용하지도 못합니다. 때로는 혹 저의 재주와 슬기로써 남을 압도해 버리고, 혹은 곧은 마음과 곧은 행동으로 가볍게 말하고 망령되게 이야기합니다. 무릇 이것들은 다 박복한 상입니다. 어찌 과거에 급제하는 것이 마땅하다 하겠습니까?

땅이 더러운 곳에는 생물이 많이 자라고 물이 지나치게 맑으면 늘 고기가 없는 법입니다. 저는 깨끗한 것만을 좋아하니 마땅히 자녀가 없을 첫째 이유입니다. 조화로운 기운이 만물을 기르는데 저는 성을 잘 냅니다. 마땅히 자녀가 없을 둘째 이유입니다. 사랑은 생물을 낳는 근본이나 잔인은 생물을 기를 수 없는 뿌리입니다. 저는 이름과 절개를 자랑하고 아끼며 늘 자기를 버려 남을 구제할 수 없으니 마땅히 자녀가 없을 셋째 이유입니다. 말을 많이 하면 기운을 소모시키는 것으로 자녀가 없을 넷째 이유입니다. 술을 잘 마시면 정기가 녹아드는 것으로 마땅히 자녀가 없을 다섯째 이유입니다.

밤을 새워 오래 앉아있기를 좋아하고, 원기를 갈무리하며 정신을 기르는 것을 알지 못하고 있으니 마땅히 자녀가 없을 여섯째 이유입니다.

그 나머지도 지나치게 나쁜 점이 능히 많아서 다 셀 수 없을 정도입니다."

▨길흉화복(吉凶禍福)이 이미 다 정해져 있는데 무엇을 생각하겠습니까, 타고난 운명이 이러한데 나에게 내려진 숙명이 당연한 것 아니겠습니까 하는 절망적인 판단을 가지고 자신의 앞날을 예견하고 있고 운명도 예견하고 있는 것이다. 이러한 것이 항상 운명론자의 자기 판단이다.

'땅이 더러운 곳에 생물이 많이 자라고 물이 지나치게 맑으면 고기가 없다'고 한 것은 맑은 물을 흐려놓으면 될 것이요, '깨끗한 것만 좋아하므로 자녀가 없다'고 한 것은 자신이 조금 게을러지면 지저분하게 될 것이며 '이름과 절개를 자랑하고 아끼며 늘 자기를 버려 남을 구제할 수 없다고 했으니 마땅히 자녀가 없을 것'이라고 했는데 이러한 사실들을 안다면 그렇지 않도록 개선하면 될 것 아닌가.

여기에서 열거한 것들을 모두 개선하면 자연적으로 자신이 갈구하는 사항을 얻을 수도 있건만 자신의 개선할 점을 알면서도 개선하지 않는다면 아무것도 얻을 수 없는 것이다.

　雲谷曰 汝自揣¹⁾應得科第²⁾否 應生子否 予追省良久³⁾曰 不應也 科第中人 類有福相 予福薄 又不能積功累行 以基厚福 兼不耐煩劇 不能容人 時或以才智蓋人 或直心直行 輕言妄談 凡此皆薄福之相也 豈宜科第哉 地之穢者多生物 水之淸者 常無魚 予好潔 宜無子者一 和氣能育萬物 予善怒 宜無子者二 愛爲生生之本⁴⁾ 忍爲不育之根 予矜惜名節 常不能舍己救人 宜無子者三 多言耗氣 宜無子者四 善飮爍精⁵⁾ 宜無子者五 好徹夜長坐 而不知葆元毓神⁶⁾ 宜無子者六 其餘過惡尙多 不能悉數

1) 揣(췌) : 헤아리다.
2) 科第(과제) : 과거시험. 또는 과거 합격.
3) 追省良久(추성양구) : 쫓아 살펴 한참 있다가. 곧 깊은 생각을 해보다.
4) 生之本(생지본) : 태어나는 근본. 생명의 근본.
5) 爍精(삭정) : 정기를 녹이다.
6) 葆元毓神(보원육신) : 원기를 보호하고 신기를 기르다.

라. 하늘은 터럭 만큼도 사심이 없다

운곡선사가 말했다.

"어찌 오직 과거급제에만 그러하겠는가? 이 세상에서 천금의 재산을 누릴 자라면 이는 틀림없이 천금의 인물로 정해지는 것이요, 백금의 재산을 누릴 자는 틀림없이 백금의 인물로 정해지는 것이며 마땅히 굶어 죽어야 할 사람이라면 틀림없이 굶어 죽어야 할 사람으로 정해지는 것이다.

이는 하늘이 사람의 재목 됨됨이에 따라 그 사람에게 두텁게 복을 주는 것에 지나지 않는 것이다. 하늘이 어찌 터럭 만큼이라도 사사로운 마음을 보태겠는가?
　자녀를 낳는 일로 말할 것 같으면, 100세(百世)의 덕을 둔 자에게는 100세의 자손을 보전하게 정할 것이요, 10세의 덕을 둔 자에게는 10세의 자손을 보전하게 정할 것이요, 3세와 2세의 덕을 둔 자에게는 3세와 2세의 자손을 보전하게 정할 것이다. 후손을 누가 잘라 없앤 듯이 후손이 없는 자는 덕이 지극히 엷은 것이다.
　그대는 지금 이미 잘못 알고 있다.
　여태껏 과거에 급제하지 못하고 자녀를 낳지 못한 나쁜 상(相)은, 정성을 다하고 개과천선하여 꼭 덕을 쌓고, 꼭 거친 사람을 포용하고, 꼭 사랑을 조화시키고, 꼭 정신을 아껴 종전의 갖가지를 비유컨대 어제 죽은 것과 같이 하고, 이제부터의 갖가지는 비유컨대 오늘 다시 태어난 것과 같이 해야 한다.
　이것을 의리로써 되살아난 몸이라고 하는 것이다. 의리를 갖춘 몸은 스스로 하늘을 감동시킬 수 있다.
　『서경』의 태갑(太甲)편에 '하늘이 만드는 재앙은 오히려 피할 수 있으나 스스로 짓는 재앙으로는 살아날 수가 없다.'라고 쓰여있다.
　공선생이 그대가 과거에 합격하지 못하고 자녀를 낳지 못한다고 추산한 것은 하늘이 만든 재앙이므로 오히려 피할 수가 있다.
　그대가 지금 덕성을 채우고 넓히며 힘써 착한 일을 행하며 많은 음덕을 쌓는다면 이것은 자기가 만드는 복이니 어찌 복을 받아서 누리지 못하겠는가?

『역경(易經)』에서는 '군자는 길한 것을 추구하고 흉한 것을 피할 것'을 꾀하도록 말하고 있다.

만약 천명이 항상적인 것이라고 말한다면 길한 것을 어찌 추구할 수 있으며 흉한 것을 어찌 피할 수 있겠는가?

『역경』책을 펴보면 첫째의 의의는 바로 '선(善)을 쌓는 집안에는 반드시 기쁜 일이 남으리라.'라는 것을 말하고 있다.

그대의 믿음이 이 말을 실천할 수 있는 경지에 도달할 수 있겠는가?"

▨인간이 정해진 운명대로 산다면 무슨 노력이 필요하겠는가?

운곡선사의 말처럼 인간은 정해진 운명으로 살아가는 것이 아니고 하늘이 사심 없이 인간을 태어나게 한 이상, 각자의 할 일을 알아서 찾아 적선(積善)을 많이 한다면 자신의 운명을 개척하고 생명도 연장시키며 또 후세도 연장시켜 준다는 것이다.

이러한 이야기는 『주역』에도 나와 있다. '적선지가(積善之家)에 반드시 남은 경사가 있다' 한 것이 그 증거이다.

또 공선생이 말한 '과거에 합격하지 못하고 자녀를 낳지 못한다' 고 한 것은 하늘이 만든 재앙이므로 오히려 피할 수 있지만 자신이 나쁜 짓을 저질러 만든 재앙은 인재이므로 피할 길이 없다는 것이다.

그러므로 인간은 자신이 자신의 운명을 개척하는 것이요, 타인이 자신의 운명을 점지해 일과표처럼 가지는 것은 아니라는 것이다.

우리 속담에 '지성이면 감천'이라는 말이 있다. 인간의 지극한 정성에는 하늘도 감동하여 그에 상응한 보답을 준다는 명언이다. 자신의 노력 여하에 따라 자신의 앞날이 결정되고 변화도 오는 것으로 노력하지 않고는 변화도 오지 않는 것이다.

雲谷曰 豈惟科第哉 世間享千金之產者 定是千金人物 享百金之產者 定是百金人物 應餓死 定是餓死人物 天不過因材而篤 幾曾加纖毫意思 即如生子 有百世之德者 定有百世子孫保之 有十世之德者 定有十世子孫保之 有三世二世之德者 定有三世二世子孫保之 其斬然無後者 德至薄也 汝今既知非 將向來不登科 不生子之相 盡情改刷[1] 務要[2]積德 務要包荒[3] 務要和愛 務要惜精神 從前種種[4] 譬如昨日死 從後種種 譬如今日生 此義理再生之身也 義理之身 自能格天[5] 太甲[6]曰 天作孽[7]猶可違 自作孽不可活 孔先生 算汝不登科第 不生子者 此天作之孽也 猶可得而違[8]也 汝今充廣德性 力行善事 多積陰德[9] 此自己所作之福也 安得而不受享乎 易[10]爲君子謀趨吉避凶[11] 若言天命有常 吉何可趨 凶何可避 開章[12]第一義 便說積善之家 必有餘慶 汝信得及否

1) 改刷(개쇄) : 새로운 마음으로 가다듬다.
2) 務要(무요) : 긴요하게 힘쓸 것. 꼭 힘쓸 것.
3) 包荒(포황) : 거친 것을 감싸다. 사나운 것을 포용하다.
4) 種種(종종) : 가지가지. 여러 가지.
5) 格天(격천) : 하늘을 감동시키다. 하늘까지 이르다.
6) 太甲(태갑) : 『서경』의 편명.
7) 孽(얼) : 재앙.
8) 違(위) : 피하다.
9) 陰德(음덕) : 세상에 알려지지 않은 덕행.
10) 易(역) : 주역(周易). 역경(易經).
11) 趨吉避凶(추길피흉) : 길한 것을 추구하고 흉한 것을 피하다.
12) 開章(개장) : 처음 장. 제일 앞장.

3. 운곡선사의 가르침

가. 3천가지 착한 일을 행하다

나는 그의 말을 훌륭하게 여기고 그에게 절하고 가르침을 받았다.

인하여 지난날의 죄를 부처 앞에 나아가 마음을 다하여 드러내 놓고 불에 태울 기도문 한 통을 만든 뒤, 먼저 과거급제를 구하고 착한 일 3천가지를 행하여 하늘과 땅과 선조의 은덕에 보답할 것을 맹세하였다.

운곡선사가 공덕과 허물의 표준 양식을 꺼내 나에게 보여주고, 내가 행하는 일을 날짜에 따라 적어서 착한 일은 수효를 적고 나쁜 일은 물리쳐 버리도록 했다.

또 준제주(準提咒)를 외워 반드시 효험을 볼 것을 기약하도록 가르치고 나에게 말했다.

"예언가들이 말하기를 '부적을 쓸 줄 모르면 귀신의 비웃음을 받는다.'라고 했다. 여기에는 비밀스러운 전수방법이 있으니 단지 생각을 움직이지 않는 것이다.

붓을 잡아 부적을 쓰되, 먼저 모든 인연을 떨쳐버리면 먼지 하나도 일어나지 않는다. 이로부터 생각을 움직이지 않고 처음으로 한 점을 찍는데 이것을 혼돈시대에서 터를 여는 것이라고 한다. 이로 말미암아 하나의 붓으로 한 번에 휘둘러 부적을 만들고, 다시 깊은 생각이 없으면 이 부적은 바로 영험한 것이다."

▨하루에 착한 일 한 가지씩을 시행하여 3천가지 선행을 쌓는다면 하늘과도 감응하여 자신의 운명을 바꿀 수가 있다.

공덕을 쌓는다는 것은 공든 탑을 쌓아서 완성시켜 천대만대의 보물이 되는 것처럼 3천가지의 선행을 쌓는다면 생(生)이 다시 태어나서 한 세상을 살 수 있는 지대한 공덕이다.

인간이 아무런 사심을 가지지 않고 쌓는 공덕이란 많으면 많을수록 그 공덕의 효능이 하늘을 감응시키고 다시 지상의 모든 귀신들을 감응시켜서 아무런 재앙이나 재변이 없을 뿐만 아니라 그곳에서 멀어지며 또한 그 사람이 나아가는 길은 탄탄대로일 것이며 불미스러운 운명을 타고났더라도 사심없이 쌓은 공덕의 덕으로 모든 것을 소화시켜 버릴 것이다.

단지 아쉬운 점은 운곡선사가 공덕의 표준 양식을 꺼내 그것을 보여주고 그 양식에 기록한다는 것은 조금 가식적인 것이 있는 듯하다.

선행을 하는데 목표를 두고 하는 것이 아니고 사심 없이 행해야 그 증험도 더 많은 것이다.

予偉其言 拜而受敎 因將往日之罪 佛前盡情發露 爲疏[1]一通 先求登科 誓行善事三千條 以報天地祖宗之德 雲谷出功過格示予 令所行之事 逐日登記 善則記數 惡則退除 且敎持準提咒[2] 以期必驗 語予曰 符籙[3]家有云 不會書符[4] 被神鬼笑 此有祕傳 止是不動念也 執筆書符 先把萬緣放下 一塵不起 從此念頭不動 初下一點 謂之混沌開基[5] 由此而一筆揮成 更無思慮 此符便靈

1) 疏(소): 도사와 중들이 신명에게 절하고 참회할 때 태우는 기도문.

2) 準提咒(준제주) : 불교의 주문의 한 가지.
3) 符籙(부록) : 예언서. 미래기(未來記).
4) 符(부) : 부적.
5) 混沌開基(혼돈개기) : 혼돈은 천지(天地)가 아직 개벽하기 전에 원기가 아직 나누어지지 않고 한데 엉켜 있는 상태. 개기는 기초를 닦다. 처음 시작하다.

나. 하늘의 명(命)을 받드는데 있어서는

무릇 하늘에 빌어 천명을 받드는 데에 있어서, 모두 사려가 없는 경지로부터 생각이 없는 곳에까지 이르게 되는 것이다.

맹자께서 천명을 받드는 학문을 논하여 말씀하시기를 '일찍 죽는 것과 오래 사는 것은 둘이 아니다.'라고 하셨다.

대저 일찍 죽는 것과 오래 사는 것이 둘이라고 하는 데에 이르면 그 마음을 움직이지 않게 되었을 때를 당하여서는, 어느 것이 일찍 죽는 것이며 어느 것이 오래 사는 것이겠는가?

자세히 나누어보면 풍년과 흉년이 둘이 아닌 뒤에야 가난하고 부자가 되는 천명을 받들 수 있는 것이요, 궁하고 통달하는 것이 둘이 아닌 뒤에야 귀하고 천한 것의 천명을 받들 수 있는 것이요, 일찍 죽는 것과 오래 사는 것이 둘이 아닌 뒤에야 죽고 사는 것의 천명을 받들 수 있는 것이다.

사람이 세상에 태어나서는 오직 죽고 사는 것이 중요한 것이다.

일찍 죽는 것과 오래 사는 것을 말한 것은 곧 모든 도리에 순종하고 거역하는 것들을 다 갖추고 있는 것이다.

몸을 닦아서 기다리는데 이르는 것이란 덕을 쌓고 하늘에 기도하는 일이다.

닦는다고 한 것은 곧 몸에 죄악이 있으면 다 마땅히 다스려서 없애는 것이다.

기다린다고 한 것은 곧 한 개 터럭 만한 분수에 넘치는 일을 넘겨다 보는 것과, 한 개 터럭 만한 보내는 것과 맞이하는 것을 다 마땅히 베어버리고 끊어버리는 것이다.

이 경지에 도달하게 되면 작은 먼지도 움직이지 않으며 구하는 것이 곧 구하는 것이 없는 것이요, 하고자하는 바를 떠나지 않고서도 곧바로 선천(先天)의 경지에 이르는 것으로 이는 곧 이것이 바로 진실한 학문인 것이다.

그대는 아직 마음을 없애는 데 능란하지 못한 것 아닌가. 다만 준제주를 외워서는 기록할 수도 없고 헤아릴 수도 없어서 외워 중단하지 않도록 하고, 외워서 얻는 것을 아주 익숙하게 해서 가지고 있는 가운데도 가지지 않고 가지지 않는 가운데에서도 가져서 마음이 움직이지 않는 데에 이르면 곧 신령스런 영험이 있을 것이다."

▨공즉시색 색즉시공(空則是色色則是空)은 '사물은 곧 빈 것이요, 물질은 허무하다'는 것처럼 인간 사회의 삶과 죽음도 종말은 모두 빈 것이다.

오래 살고 일찍 죽는 것은 인간 수명의 길고 짧은 것일 뿐이요, 어떻게 사는 것이 참으로 오래 사는 것이며 어떻게 죽는 것이 짧은 생인가는 도를 얻었느냐 도를 얻지 못했느냐의 차이에서 논하는 것이지 단지 수명의 길고 짧은 것만을 가지고 논하는 것은 아무런 의미가 없는 것이다.

제1장 하늘의 명(命)을 따르다〔立命〕　37

　불심(佛心)이 지극한 사람은 좀더 일호(一毫)의 사욕도 없애고 '준제주'를 외워서 그 외운 것을 기록할 수도 없고 헤아릴 수도 없이 외워 중단하지 않는다면 자신도 모르는 사이에 신령스런 영험을 얻을 수 있는 것이라고 했다.
　곧 모든 불심은 상(相)을 없애는데 있기 때문에 무욕(無慾)의 경지에 도달해야 불심과 합일되어 피안(彼岸)의 세계에 도달할 수 있으며 소망하는 바도 얻는 것이다.

　凡祈天立命[1] 都從無思無慮處格 孟子論立命之學[2]而曰 夭壽[3]不貳 夫夭與壽 至二者也 當其不動念時 孰爲夭 孰爲壽 細分之 豊歉[4]不二 然後可以立貧富之命 窮通不二 然後可以立貴賤之命 夭壽不貳 然後可以立死生之命 人生世間 唯死生爲重 曰夭壽則一切順逆[5]皆該之矣 至修身以俟之 乃積德祈天之事 曰脩則身有過惡 皆當治而去之 曰俟則一毫覬覦[6] 一毫將迎 皆當斬絶[7]矣 到此地位 纖塵不動 求卽無求 不離有欲之中 直造先天[8]之境 卽此便是實學 汝未能無心 但持準提咒 無記無數 不令間斷 持得純熟 於持中不持 於不持中持 到念頭[9]不動 則靈驗矣

1) 立命(입명) : 하늘이 자신에게 부여한 본성(本性)을 보전하여 해치지 않는 것.
2) 立命之學(입명지학) :『맹자』진심(盡心)편의 문장「盡其心者 知其性也 知其性則知天矣 存其心 養其性 所以事天也 妖壽不貳 脩身以俟之 所以立命也」를 말한다.
3) 夭壽(요수) : 일찍 죽는 것과 오래 사는 것.
4) 豊歉(풍겸) : 풍년과 흉년.

5) 順逆(순역) : 도리에 순종하여 바른 것과 도리에 거슬러 바르지 않은 것.
6) 覬覦(기유) : 넘겨다보다. 넘보다. 분에 넘치는 당치 않은 일을 바라다.
7) 斬絕(참절) : 목을 베고 수족을 끊다.
8) 先天(선천) : 사람이 세상에 태어나기 이전의 세계.
9) 念頭(염두) : 마음. 생각.

4. 학해(學海)를 요범(了凡)으로 고치다

가. 바다를 배운다는 뜻에서 학해(學海)라 했다

나의 처음 호는 학해(學海)였다.

온갖 시냇물이 바다를 배우고 바다에 이른다는 뜻을 취하여 이렇게 호를 지었던 것이다.

그런데 이날부터 호를 요범(了凡)으로 고쳤다.

대개 천명을 받드는 이야기를 깨닫고는 범부(凡夫)들의 속된 세계에 떨어지지 않고자 하는 뜻이다.

이 뒤로부터 종일토록 두려워하고 삼가하고 삼가하며 바로 옛날과 같지 않다는 것을 깨달았다.

옛날에는 단지 유유자적하고 자유방임적이었으나, 요즈음은 스스로 조심하고 삼가하고 두려워하고 위태로워하는 모습이 있게 되었다.

어두컴컴한 방안이나 잘 보이지 않는 구석진 곳에서도 늘 천지의 귀신들에게 죄를 짓게 될까 두려워하고, 나를 미워하며 나를 훼방하는 사람을 만나더라도 스스로 담담해져서 그들

제1장 하늘의 명(命)을 따르다〔立命〕 39

을 수용할 수가 있었다.

▨나를 버리면 나는 다시 얻는 것이다. 나라는 개체를 버리면 다시 얻는 것이요, 나라는 개체를 인식하고 무엇을 갈구한다면 구하는 것을 얻기보다는 나락으로 빠져들게 된다.

학해(學海)에서 요범(了凡)으로 호를 바꾸었다고 해서 무엇이 크게 달라질 것인가. 단지 마음 속에 두었던 관념이 큰 것에서 평상적인 것으로 바뀌었을 뿐이다.

그런데도 요범으로 바꾸면서 '종일토록 두려워하고 삼가하고 삼가하면 바로 옛날과 같지 않다는 것을 깨달았다'고 한 것은 마음의 상(相)을 없애기 때문에 비롯된 것이다.

또 '예전에는 유유자적하고 자유방임적이었으나 요즈음은 스스로 조심하고 삼가하고 두려워하고 위태로워하는 모습이 있게 되었다'고 한 것은 항상 부족한 것 같고 항상 채워지지 않는 상태 속에 '선'의 개념이 자리잡아서 자신의 덕이 부족한 것을 느끼기 때문이다.

'어두컴컴한 방안이나 잘 보이지 않는 구석진 곳에서도 늘 천지의 귀신들에게 죄를 짓게 될까 두려워하고 나를 미워하며 나를 훼방하는 사람을 만나더라도 담담해져서 그들을 수용할 수가 있다'고 한 것은 '자아'의 상(相)을 버림으로써 어느 곳에 있어서도 모두를 포용할 수 있는 자신이 섰다는 증거가 아닌가?

予初號學海 取百川學海而至於海之義 是日改號了凡[1] 盖悟立命之說 而欲不落凡夫窠臼[2]也 從此以後 終日兢兢[3] 便覺與前不同 前日止是悠悠放任[4] 到此自有戰兢惕厲[5]景象 在闇室屋漏[6]之中 常恐得罪天地鬼神 遇人憎我毀我 自能恬然[7]容受

1) 了凡(요범) : 이 책의 저자인 원료범(袁了凡)의 이름이며 호이다.

2) 窠臼(과구) : 보금자리. 일정한 자리.
3) 兢兢(긍긍) : 삼가하고 두려워하는 모양.
4) 悠悠放任(유유방임) : 유유는 한없이 넓고 먼 모양. 방임은 제대로 되어가게 내버려두다.
5) 戰兢惕厲(전긍척려) : 전긍은 전전긍긍으로 매우 두려워하며 조심하는 모양. 척려는 두려워하고 위태롭다.
6) 闇室屋漏(암실옥루) : 캄캄한 방과 잘 보이지 않는 집.
7) 恬然(염연) : 마음에 아무런 잡념이 없는 모양.

나. 과거에 1등으로 합격하였다

다음해에 이르러 형부(刑部)에서 시행하는 과거를 보았다. 공선생이 나의 운명을 추산하기로는 3등으로 합격하리라는 것이었다. 그런데 나는 1등으로 합격하여 공선생의 말이 들어맞지 않았고 또 향시(鄕試 : 고을에서 시행하는 과거)에 합격했다.

그러나 의를 행하는 데는 순수하지 않았고 몸을 단속하는 데에는 잘못된 것이 많았다. 혹은 의를 보고 행하더라도 용감하지 못했거나, 혹은 사람을 구제하더라도 마음에 늘 스스로를 의심하거나, 혹은 몸으로 힘써서 착한 일을 행하더라도 입으로는 잘못된 말을 하거나, 혹은 깨어 있을 때 행동을 바르게 가졌지만 술취한 뒤에 방일하여 허물로써 공덕을 꺾어버리고 일상을 헛되게 보냈다.

기사년(己巳年)에 착한 일을 하기를 발원하고부터, 줄곧 기묘년(己卯年)까지 십여년을 거치면서 3천가지 착한 일을 비로소 끝냈다.

바로 이점암(李漸菴)을 따라 승려들이 조용하게 수행하는 방까지 들어갔으나 선행을 닦아 보리(菩提)의 과덕(果德)을 구(求)하지는 못했다.

경진년(庚辰年)에 남쪽으로 돌아가서 비로소 성공(性空)이나 혜공(慧空) 등 모든 스님들을 초청하여, 동쪽 탑이 있는 곳의 선당(禪堂)에 나아가 선행을 닦아 보리(菩提)의 과덕(果德)을 구하고 드디어 자녀를 구하는 불사를 일으켰으며 또한 3천가지 착한 일을 행하기로 서원하였다.

신사년(辛巳年)에 들어서 아들 원천계(袁天啓)를 낳았다.

▨3천가지 선행을 시행하고 다시 3천가지의 선행을 시행한다면 6천가지의 선행이다. 옛말에 '만 사람의 죽을 목숨을 구해 주면 그 집안에 제왕이 탄생한다'고 하였듯이 6천가지의 선행을 행한다면 그에 버금가는 길사(吉事)가 있을 것이다.

운명적으로 과거에 급제하지 못할 것인데 과거에 급제하고 운명적으로 아들이 없다고 했는데 아들을 얻었다.

이러한 일들은 불심의 기적이 아니면 이루어질 수 없는 것이다.

흔히 운명론자들은 "타고난 운명인데 무슨 소용이 있겠는가"라는 자조섞인 이야기를 하지만 실제적으로 기적이 있어서 운명이 개척되는 사실을 이러한 실증으로 보여준다면 그들도 다시 발분하여 새로운 세계를 위하여 도약할 것이다.

기적이란 이런 뜻에서 새로운 기풍을 조성해 주는 청량제 구실을 할 수 있는 것이다.

到明年刑部[1]考科擧 孔公筭該第三 忽考第一 其言不驗 而秋闈中式[2]矣 然行義未純 撿身多誤 或見義而行之不勇 或救人而

心常自疑 或身勉爲善 而口有過言 或醒時[3]操持 而醉後放逸 以過折功 日常虛度 自己巳歲發願[4] 直至己卯歲 歷十餘年 而三千善[5]行始完 方從李漸菴入關[6] 未及回向[7] 庚辰南還 始請性空慧空諸上人[8] 就東塔禪堂[9]回向 遂起求子道場[10] 亦許行三千善事 辛巳生男天啓

1) 刑部(형부) : 6부(六部)의 하나. 율령(律令)이나 형옥(刑獄)을 맡는 곳이다.
2) 秋闈中式(추위중식) : 추위는 향시(鄕試)를 뜻한다. 중식은 합격하다.
3) 醒時(성시) : 술이 깨어 있을 때. 정신이 온전할 때.
4) 發願(발원) : 부처에게 소원이 성취되기를 빌다.
5) 三千善(삼천선) : 부처 세계에서 이루어지는 3천가지의 선행.
6) 李漸菴入關(이점암입관) : 이점암은 당시의 승려인 것 같다. 입관은 관에 들어간다. 곧 당시의 승려들이 바깥 세상과 떨어져 고요히 앉아 수행할 때 머무르는 감실이나 방.
7) 回向(회향) : 자기가 행한 착한 일의 결과를 다른 사람에게 돌려보낸다는 뜻. 또는 독경, 염불 따위로 죽은 사람의 명복을 비는 일.
8) 性空慧空諸上人(성공혜공제상인) : 성공, 혜공은 당시의 승려. 제상인은 여러 중에 대한 존칭.
9) 禪堂(선당) : 좌선(坐禪)하는 절.
10) 道場(도량) : 도사나 중이 법사(法事)를 행하는 장소 또는 행하는 법당(法堂).

다. 3천가지 착한 일을 다했다

나는 한 가지 착한 일을 행하면 붓으로 그것을 적었다.

제1장 하늘의 명(命)을 따르다〔立命〕 43

　너의 어머니는 글을 쓸 줄 몰랐다. 매양 한 가지 착한 일을 행하면, 문득 거위 깃털로 만든 붓대로 주사(硃砂)의 인주를 묻혀 달력의 날짜 위에다 하나의 고리를 그렸다.
　혹은 가난한 사람에게 베풀어 주거나, 혹은 짐승이나 물고기를 사서 방생하거나 하여 하루에도 많을 때는 열 개 남짓한 고리를 그리기에 이르렀다.
　계미년(癸未年) 8월에 이르러 4년이 지났는데 3천가지 착한 일을 한 수효가 이미 찼다.
　다시 모든 스님들을 청하여 우리집 뜰로 나아가게 한 뒤, 내 착한 일의 결과를 남에게 돌려보내는 일을 빌어서 마쳤다.
　9월 13일에 진사(進士)에 합격하기를 구하는 불사를 법당에서 일으키고, 만 가지 착한 일 할 것을 서원했다.
　병술년(丙戌年)에 과거에 합격하여 보지현(寶坁縣)의 지방 장관으로 임명되었다. 나는 공덕과 허물의 표준을 세운 책 한 권을 두고 이름하여 치심편(治心篇)이라고 했다.
　새벽에는 일어나 대청에 앉았다. 집안 사람이 치심편을 들고 와서 관청의 문지기에게 부치면 문지기는 그것을 받아 나의 책상 위에 두었다.
　행하는 바의 선과 악을 세밀하게 다 적었다.
　밤이 되면 뜰에 책상을 설치하고 조열도(趙閱道)를 본받아 향을 사르고 상제님께 아뢰었다.
　▨3천가지 선행을 마치고 또 3천가지 선행을 시작하여 그것까지 마치고 1만가지의 선행을 한다면 사람의 한평생을 남을 위하여 사는 것이라 할 수 있다.
　남을 위하여 산다는 것은 일편 허울뿐인 것 같지만 그것을 시행하는 본인이 자락(自樂)을 느낄 때 그보다 보람찬 일은 없을 것이다.

또 앞에서 말했지만 사적으로 바라는 욕망이 없이 무조건적인 선행을 쌓아가는 데만 열중한다면 이 사람이야말로 지상의 석가모니불이며 지상의 보살이 아니겠는가.

인간의 삶이란 가정을 위해서 살거나 사회를 위해서 살거나 또는 남을 위해서 사는 것이 모두 지극한 정성의 우러남에서 산다면 다 나름대로의 지극한 의의가 있어서 그 나름의 한 영역을 차지하고 사회를 이끌어가는 영도자가 되는 것이다.

l만가지의 선행을 시작하는 것도 따지고 보면 사회를 위해서 사는 것 같지만 그 근본적인 목적은 자신을 위해서 하는 것이다.

우리 모두가 지극한 정성으로 진력할 때 사회도 가정도 밝아지고 그것이 궁극적으로는 자신을 위하는 길인 것이다.

予行一事 隨以筆記 汝母不能書 每行一事 輒用鵝毛管[1] 印一硃[2]圈于曆日之上 或施貧人 或買放生 一日有多至十餘圈者 至癸未歲八月 閱四年 三千之數已滿 復請諸上人 就家庭回向訖 九月十三日 起求中進士道場 許行善事一萬條[3] 丙戌登第 授寶坻知縣[4] 余置空格[5]一册 名曰治心篇 晨起坐堂 家人攜付門役 置案桌上 所行善惡 纖悉畢記 夜則設桌於庭 效趙閱道[6] 焚香告帝[7]

1) 管(관) : 붓대. 또는 붓.
2) 硃(주) : 붉은색의 안료(顏料)와 주묵(朱墨)의 원료로 쓰이는 광물.
3) 一萬條(일만조) : l만가지.
4) 寶坻知縣(보지지현) : 보지고을의 지사(知事). 지현은 현(縣)의 장관(長官)을 말한다.
5) 空格(공격) : 불교에서 말하는 공덕과 허물의 표준.

6) 趙閱道(조열도) : 송(宋)나라의 서안(西安) 사람. 이름은 변(抃). 자는 열도, 전중시어사(殿中侍御史), 참정지사(參政知事)를 지냈다.
7) 帝(제) : 하늘에 있는 옥황상제.

라. 꿈속에서 한 신인(神人)을 만났다

너의 어머니는 착한 일 행하는 것이 많지 않은 것을 보고, 문득 눈살을 찌푸리며 말씀하였다.

"내가 옛날 집에 있을 때는 서로 도와서 착한 일을 행하였습니다. 그러므로 3천가지 착한 일을 끝낼 수 있었습니다. 지금 착한 일 1만가지를 하겠다고 허락해 놓았는데 관청 안에서는 행할 만한 착한 일이 없습니다. 어느 때에 우리들의 공덕이 원만해질 수 있겠습니까?"

한밤에 우연히 꿈속에서 한 신인(神人)을 만났다.

내가 착한 일을 완성하기 어려운 괴로움을 이야기하니, 신인이 말하였다.

"다만 양식을 좀 줄이면 모든 행동을 함께 완성할 수 있습니다."

대개 보지현의 농경지는 100이랑에 2푼 3리 7호의 쌀을 세금으로 받았었는데 나는 구역을 만들어 세금을 1푼 4리 6호까지 줄였다. 나는 뜻을 굽혀서 이런 일을 행했으나 마음 속으로는 자못 의혹스러웠다.

마침 환여선사(幻余禪師)가 오대산(五臺山)으로부터 왔다. 나는 꿈속의 내용을 환여선사에게 이야기하고 또 이 일을 마땅히 믿어야 하는지를 물었다. 환여선사가 말했다.

"착한 마음은 참으로 절실한 것입니다. 곧 한 가지 행동으로 모든 착한 것들을 담당할 수 있습니다. 하물며 전체 현에서 양식을 줄여, 모든 백성들이 복을 받음에 있어서야 말할 필요가 있겠습니까?"

나는 점점 공덕이 원만해져 내 봉급을 덜어서 오대산에 나아가 중 1만명에게 공양하고 덕행을 닦아서 보리의 과덕(果德)을 구하였다.

공선생은 내가 53살 때 액이 있다고 추산했는데 나는 오래 살기를 빌지 않았으나 내가 53살이 되던 그 해에 마침내 아무 탈이 없었고, 지금은 69살이다.

『서경』에 쓰여있다.

"하늘은 믿기가 어렵고 천명(天命)은 항상 존재하는 것이 아니다."

또 쓰여있다.

"오직 명(命)이라는 것은 항상하지 않는 것이다."

『서경』에 쓰여있는 말들이 다 속이는 말들이 아니다.

나는 그래서 화(禍)와 복(福)은 다 자기가 구하지 않는 것이 없다고 일컫는 것을 알게 되었는데 이것은 성현의 말씀이다. 만약 화와 복은 오직 하늘에서 명령하는 것이라고 이른다면 그것은 한낱 세속의 이론에 불과할 뿐이다.

▨추명(推命)을 믿는다는 것은 어리석은 것이다. 공선생이 예언한 말이 100%로 적중한다면 과연 인간의 근로 의욕이 있겠는가. 타고난 운명대로 살면 되는 것이지 무슨 다른 특별한 방편이 있겠는가 하는 생각을 하게 될 것이다.

『서경』에서 '하늘은 믿기도 어렵고 하늘의 명은 항상 하는 것이 아니다'고 한 것은 하늘의 명은 노력하는 자에게만 있는 것이요, 노력을 하지 않으면 하늘의 명도 바뀐다는 뜻이다. 그러므로 '오직 명은 항상 하지 않는다'고 했다.

길하고 흉하고 재앙이 있고 복이 있는 것도 다 정해져 있는 것이 아니다. 복을 구하면 복이 오는 것이요, 나쁜 일을 하면 재앙이 오는 것이다. 그것의 정성 여하에 따라서 모든 것이 결정된다.

또 이것은 위정자가 진실로 국민을 위하는 정치를 할 때만 하늘의 명이 존재하고 위정자가 국민을 위하는 정치를 하지 않을 때 하늘은 그런 위정자를 지지하지 않는다는 뜻으로 해석할 수도 있다.

그러므로 운명은 정해진 것이 아니라 가변(可變)하며 가히 변하므로 다른 운명으로도 결정할 수 있다는 뜻이다.

汝母見所行不多 輒顰蹙[1]曰 我前在家 相助爲善 故三千之數得完 今許一萬 衙中[2]無善可行 何時得圓滿乎 夜間偶夢見一神人 余言善事難完之苦 神曰 只減糧一節 萬行俱完矣 蓋寶坻之田 畝二分三釐七毫 余爲區處 減至一分四釐六毫 委[3]有此事 心頗疑惑 適幻余禪師[4]自五臺[5]來 余以夢告之 且問此事宜信否 禪師曰 善心眞切 卽一行可當萬善 況合縣減糧 萬民受福乎 吾漸漸圓滿 損俸銀 就五臺上齋僧一萬 而回向之 孔公算予五十三歲有厄 予未嘗祈壽 其歲竟無恙 今六十九歲矣 書[6]言天難諶命靡常 又言惟命不于常[7] 皆非誑語 予於是而知稱禍福無不自己求之者 乃聖賢之言 若謂禍福惟天所命 則世俗之論矣

1) 顰蹙(빈축) : 눈살을 찌푸리는 것.
2) 衙中(아중) : 관청 안에서.
3) 委(위) : 위곡(委曲)하다.

4) 幻余禪師(환여선사) : 당시의 도사. 자세한 내역은 기록이 없다.
5) 五臺(오대) : 중국의 산 이름. 오대산.
6) 書(서) :『서경(書經)』. 뒤의 내용은 함유일덕(咸有一德)편에 있다.
7) 惟命不于常(유명불우상) :『서경』강고(康誥)편에 있는 문장.

5. 하늘의 명(命)

가. 늘 쓸쓸한 때를 생각하라

너의 운명이 어떠한지는 알지 못한다.

너의 운명이 영광과 현달에 해당할 때에는 늘 쇠락하고 쓸쓸한 시절을 생각해라. 운명이 순조로울 때는 항상 너의 뜻을 거슬릴 경우를 생각해라. 자못 의식(衣食)이 넉넉할 때는 늘 가난할 경우를 생각해라. 사람들이 서로 너를 사랑하고 공경할 때에는 늘 너를 두려워할 경우를 생각해라. 집안이 대대로 신망이 두터울 때에는 늘 사람들이 집안을 천시할 경우를 생각해라. 학문이 자못 남보다 나을 때에는 늘 남보다 얕고 비루한 경우를 생각해라.

멀리는 조상의 덕을 드러낼 것을 생각하고 가까이는 아버지의 허물을 덮을 것을 생각하며, 위로는 나라의 은혜에 보답할 것을 생각하고 아래로는 집안의 복을 지을 것을 생각하며, 밖으로는 남의 위급한 것을 구제할 것을 생각하고 안으로는 자기의 사악한 것을 막을 것을 생각해라.

꼭 날마다 잘못을 깨닫고 꼭 날마다 허물을 고쳐라. 무릇 하루라도 자기의 잘못을 깨닫지 못하면, 곧 하루는 스스로를 옳다고 여기는 데에서 안주하는 것이다.

하루 고쳐야 할 잘못이 없다고 느낀다면, 곧 하루는 진보하지 못하는 것이다.

천하에는 총명한 준재와 수재들이 적지 않다. 따라서 덕을 더 닦지 않고 학업을 더 넓히지 않고 다만 '인순(因循 : 순리에 따른다)'이라는 두 글자만을 좋아한다면 일생이 발전하지 못하고 집안에서 즐기기만 할 것이다.

운곡선사께서 주신 천명을 받드는 이야기는 지극히 정밀하고 지극히 깊숙하며, 지극히 참되고 지극히 올바른 이치였다.

숙달되게 익히고 부지런히 행하여 스스로를 공허하게 해서는 안된다.

▨자신의 운명을 알지 못하더라도 이상에서 열거한 사실대로만 살아간다면 그것이 곧 부처의 세계이고 보리의 세계이며 지상의 낙원이 아니겠는가.

산다는 것은 어차피 고행(苦行)이 아니겠는가?

爾之命未知若何 卽命當榮顯[1] 常作落寞[2]想 卽命當順利 常作拂逆[3]想 卽頗足衣食 常作貧窶[4]想 卽人相愛敬 常作恐懼想 卽家世望重 常作卑下想 卽學問頗優 常作淺陋想 遠思揚祖[5]之德 近思蓋父之愆 上思報國之恩 下思造家之福 外思濟人之急 內思閑[6]己之邪 務要日日知非 日日改過 凡一日不知非 卽一日安於自是[7] 一日無過可改 卽一日無步可進 天下聰明俊秀不少 所以德不加修業不加廣者 止爲因循二字就閣[8]一生 雲谷禪師所授立命之說 乃至精至邃 至眞至正之理 熟玩而勉行之 毋自曠[9]也

1) 榮顯(영현) : 영화롭고 현달하다.

50   음즐록(陰騭錄)

2) 落寞(낙막) : 쇠락하고 적막하다.
3) 拂逆(불역) : 자기 마음에 거슬리다.
4) 窶(구) : 가난할 때.
5) 揚祖(양조) : 선조를 빛나게 하다.
6) 閑(한) : 막다.
7) 自是(자시) : 스스로를 옳다고 여기다.
8) 躭閣(탐각) : 정자에서 한 세월을 보내다. 곧 집안에서 즐기다.
9) 曠(광) : 공허하다. 비다.

제2장 겸손하고 허심탄회 하라〔謙虛〕

1. 겸손하고 허심탄회 한 것의 효과

가. 하늘의 도는 겸손한 곳에 보태준다

『역경(易經)』에 쓰여있다.

"하늘의 도는 가득찬 것을 덜어서 겸손한 것을 보태주고, 땅의 도는 가득찬 것을 변화시켜 겸손한 곳으로 흐르게 하고, 귀신(鬼神)은 가득찬 것을 훼방놓고 겸손한 것을 복되게 하고, 사람의 도는 가득찬 것을 미워하고 겸손한 것을 좋아한다."

그러므로 겸괘(謙卦)는 여섯 효(爻)가 다 길하다.

『서경(書經)』에 쓰여 있다.

"꽉 찬 것은 덜어져 깎이는 것을 초래하고, 겸손하면 이익을 받는다."

나는 누차 여러 사람과 함께 과거시험에 응시했었다.

매양 가난한 선비가 장차 영달하는 것을 보면 그들에게는 반드시 그들의 출세를 받쳐줄 만한 일단의 겸손한 것을 움켜쥐고 있었다.

▨『주역』의 지산겸(地山謙)괘에 나오는 말이다.

'겸손하면 모든 것이 형통한다'는 것의 '겸괘'의 괘사이다.

사람으로 겸손하면 항상 칭찬이 오고가지만 오만하고 거만하면 남에게 질시를 받거나 모함이 따르게 마련이다.

이것은 인간에게만 그러한 것이 아니라 자연의 도(道)도 겸손한 것을 위해 준다고 했다. 그래서 '겸손은 미덕'이라고도 한다.

易[1]曰 天道虧盈而益謙 地道變盈而流謙 鬼神害盈而福謙 人道惡盈而好謙 故謙之一卦[2] 六爻[3]皆吉 書[4]曰 滿招損 謙受益 予屢同諸公應試 每見寒士[5]將達 必有一段謙光可掬[6]

1) 易(역) : 주역(周易)을 말한다. 역경(易經).
2) 謙之一卦(겸지일괘) : 『주역』 64괘의 하나인 '겸괘(謙卦)'를 뜻한다.
3) 六爻(육효) : 『주역』의 괘는 64괘로 이루어졌고 각 괘마다 6효(六爻)가 있다. ━은 양효, ╍은 음효이다.
4) 書(서) : 『서경(書經)』을 뜻하며 『서경』 대우모(大禹謨)의 문장.
5) 寒士(한사) : 배고픈 선비. 가난한 선비.
6) 掬(국) : 움켜쥐다. 가지고 있다.

나. 지극히 겸손했던 정빈(丁賓)

신미년(辛未年)에 향시(鄕試)에 합격한 사람들이 수도에서 회시(會試)를 보았는데, 우리 가선(嘉善) 땅의 사람들은 모두 10명이었다. 그 중에서 오직 자(字)가 경우(敬宇)인 정빈(丁賓)이 가장 젊을 뿐만 아니라 지극히 겸허했다.

내가 비금파(費錦坡)에게 말하기를

"이 사람은 올해 반드시 과거에 합격할 것입니다."

하니, 비금파가 물었다.
"어째서 그렇게 보십니까?"
내가 말했다.
"오직 겸허해야 복을 받습니다. 그대가 보기에 열 사람 가운데서 충실하고 신실하여 감히 남을 앞서지 않는 이로 정경우(丁敬宇) 만한 이가 있습니까? 공경스럽고 순종하며, 조심하고 겸허하고 외경하는 이로 정경우 만한 이가 있습니까? 모욕을 받아도 보복하지 않고 헐뜯는 소리를 들어도 변명하지 않는 이로 정경우 만한 이가 있습니까?

사람이 이와 같을 수 있으면, 곧 천지의 귀신도 오히려 장차 그를 돕는 것인데 어찌 낙방할 리가 있겠습니까?"

방이 나붙어 살펴보니 정빈은 과연 합격했다.

▨겸손하면 복을 받는다는 것이 사실로 증명된 실례이다.

자신의 실력을 갖추고 남 앞에서 겸손하면 대사(大事)에 임하여서도 신중을 기할 것이다. 곧 과거는 자신의 앞날을 기약하는 큰일인데 이러한 큰일을 신중에 신중을 기하여 시험을 치른다면 자신의 기량을 백분 발휘하여 장원급제하는 것이 마땅할 것이다.

『주역』 겸괘 육이(六二)의 효사에 '겸손한 것으로 울리는 것이다. 바르게 하면 길하다'고 한 것은 이런 경우를 뜻하지 않았겠는가?

辛未計偕[1] 我嘉善[2]同袍凡十人 惟丁敬宇[3]賓年最少 極其謙虛 予告費錦坡[4]曰 此兄今年必第 費曰 何以見之 予曰 惟謙受福 兄看十人中 有恂恂[5]款款[6] 不敢先人如敬宇者乎 有恭敬順承 小心謙畏[7]如敬宇者乎 有受侮不答 聞謗不辯如敬宇者乎 人能如此 即天地鬼神猶將佑之 豈有不發[8]者 及開榜[9] 丁果中式

1) 計偕(계해) : 향시에 합격한 사람들이 계획을 함께 하기 위하여 모여서 중앙의 회시에도 함께 응시하는 것.
2) 嘉善(가선) : 땅 이름.
3) 丁敬宇(정경우) : 정빈(丁賓)을 말한다. 사람 이름으로 호(號)가 경우(敬宇)이다.
4) 費錦坡(비금파) : 당시의 사람 이름.
5) 恂恂(순순) : 신실한 모양.
6) 款款(관관) : 충실한 모양.
7) 小心謙畏(소심겸외) : 소심은 조심하다. 겸외는 겸손하고 두려워하다.
8) 不發(불발) : 계발(啓發)되지 않겠는가. 곧 급제한다는 뜻.
9) 開榜(개방) : 과거에 급제하면 급제한 사람의 명단을 게시하는 것.

다. 행동을 변화시킨 풍개지(馮開之)

정축년(丁丑年)에 나는 서울에 있었다. 이때 풍개지(馮開之)와 더불어 함께 살게 되었다. 그가 자신을 겸손하게 하고 용모를 단정히 하여 행동하는 것을 보았다. 이것은 그가 어릴 때의 습관을 크게 변화시킨 것이다.

남과 같이 생활을 할 때 굳은 일을 도맡아 하고도 자신을 낮추며 용모를 단정히 하고 항상 신중하게 행동한다면 그런 사람은 언제나 타인에게 칭찬을 들을 수 있는 것이다.

겸손하면 복을 가져다 준다는 『주역』의 사실을 증명한 것이다.

丁丑在京 與馮開之¹⁾同處 見其虛己斂容²⁾ 大變其幼年之習

1) 馮開之(풍개지) : 이름은 몽정(夢禎). 개지는 자(字)이다. 절강수수(浙

江秀水) 사람. 만력(萬曆)연간의 회시(會試)에서 1등으로 합격하여 관직이 편수관(編修官)이 되었다. 문장이 기개가 있는 것으로 일컬어진다. 『역대공거지(歷代貢擧志)』와 『쾌설당만록(快雪堂漫錄)』 등의 저서가 있다.
2) 虛己斂容(허기렴용) : 자신을 비우고 용모를 단정히 하다.

라. 정직하고 믿음이 있는 이제암(李霽岩)

이제암은 정직하고 진실하며 믿을 수 있는 이로운 벗이다.

내가 그의 잘못에 대해 면박을 줄 때도 그는 다만 나의 면박을 편안하게 마음에 품고 순순히 받아들이는 것만 보았을 뿐, 일찍이 한 마디라도 대꾸하여 반박하지 않았다.

내가 그에게 알려 주었다.

"복(福)에는 복의 조짐이 있고, 화(禍)에는 화의 발단이 있다. 이런 마음으로 마침내 겸허하게 되면 하늘이 반드시 그대를 도울 것이다. 그대는 올해 기필코 과거에 합격할 것이다."

이런 이야기가 있은 후에 과연 이제암은 과거에 합격하였다.

▨남보다 앞선 사람은 어느 한 가지라도 남보다 뛰어난 점이 발견된다. 이제암도 그런 사람의 하나이다. 자신의 잘못을 지적해도 또는 면박을 줄 때에도 마음을 편안하게 갖고 그것을 순순히 받아들이는 그 자세가 바로 '겸손하면 울리는 것이다'라고 하는 것이다.

인간은 남이 자신의 과오를 지적할 때 부끄럽고 또는 안색이 변하기도 하는데 이러한 것을 나타내지 않고 그것을 편안한 상태에서 받아들인다는 것은 극히 어려운 일이다. 이러한 사람들이 과연 이 세상에 몇 사람이나 있겠는가.

李霽岩[1]直諒益友[2] 時面攻[3]其非 但見其平懷順受 未嘗有一言相報 予告之曰 福有福始 禍有禍先 此心果謙 天必相之 兄[4] 今年決第矣 已而果然

1) 李霽岩(이제암) : 당시의 과거 급제자인데 누구인지 기록이 자세하지 않다.

2) 直諒益友(직량익우) : 정직하고 믿을 수 있는 이로운 벗.『논어(論語)』계씨편(季氏篇)에 "공자가 말하기를 '이로운 세 종류의 벗이 있고, 해로운 세 종류의 벗이 있다. 정직한 벗, 믿을 수 있는 벗, 견문이 많은 벗은 이롭다. 편벽되어 위세에만 익숙한 벗, 아첨을 잘해 믿을 수 없는 벗, 말재주만 있고 견문이 모자라는 벗은 해롭다(孔子曰 益者三友 損者三友 友直 友諒 友多聞 益矣 友便辟 友善柔 友便佞 損矣).'라고 하였다."는 말이 있다.

3) 面攻(면공) : 보는 앞에서 꾸짖는 것. 면박주다.

4) 兄(형) : 벗에 대한 존칭이다. 자기보다 나이가 어린 벗에게도 형이란 말을 쓴다.

마. 여러번 낙방을 한 조광원(趙光遠)

유봉(裕峰) 조광원은 산동(山東)의 관현(冠縣) 사람이다. 어릴 때 향시(鄕試)를 보았으나 오래도록 합격하지 못했다.

그의 아버지가 가선(嘉善)땅의 삼윤(三尹)이 되어 아버지를 따라 관청에 갔다.

조광원은 전명오(錢明吾)를 흠모하였는데 자기 글을 가지고 가서 그를 알현했다.

전명오는 조광원의 글을 붓으로 다 문질러 지워버렸다. 그러

제2장 겸손하고 허심탄회 하라〔謙虛〕 57

나 조광원은 오직 성내지 않았을 뿐만 아니라 또한 마음으로도 복종하고 재빨리 자기 글의 모자라는 부분을 고치기까지 했다.

다음해에 조광원은 과거에 합격했다.

▨자신의 모욕을 참아 그것을 발전으로 승화시키는 사람은 대단히 현명한 사람이다.

자신의 글을 지워서 면박을 주는데도 그것을 내색하지 않고 오히려 그것을 자신의 극기공부로 삼아 그 사람을 존경하고 따른다는 것은 일반적인 보통 사람으로서는 행하기 어려운 행동이다. 이러한 사람은 능히 입신양명할 수 있는 것이다.

趙裕峰光遠[1] 山東冠縣人 童年擧于鄕 久不第[2] 其父爲嘉善三尹[3] 隨之官 慕錢明吾[4] 而執文見之 明吾悉抹其文 趙不惟不怒 且心服[5]而速改焉 明年遂登第[6]

1) 趙裕峰光遠(조유봉광원) : 유봉은 조광원의 호(號). 광원은 이름이다.
2) 不第(불제) : 합격하지 못하다. 낙방하다.
3) 三尹(삼윤) : 관리 등용시험에 합격한 사람.
4) 錢明吾(전명오) : 당시의 문장가인 듯한데 자세한 기록이 없다.
5) 心服(심복) : 마음 속으로 복종하는 것.
6) 登第(등제) : 과거에 합격하다.

바. 조정(朝廷)에서 본 하건소(夏建所)

임진년(壬辰年)에 나는 조정에 들어가 황제를 뵙고나서 하건소를 만나게 되었다.

그 사람을 보니 기운을 비우고 뜻을 낮추었으며 겸허한 빛이 사람에게 와 닿았다.

집에 돌아와 벗에게 말했다.

"무릇 하늘이 장차 이 사람을 출세시킬 것이다. 아직 그의 복이 발현되지는 않았으나 먼저 그의 지혜가 발현시키고 있다. 이 지혜가 한 번 발현되면 들뜬 성질은 착실해지고 방자한 성질은 거두어 들이게 되는 것이다. 하건소가 온순하고 양순한 것이 이와 같으니 하늘이 열어줄 것이다."

방 써붙인 것을 보니 과연 과거시험 합격자 명단에 하건소의 이름이 있었다.

▨남보다 뛰어나 보이는데도 그의 뛰어난 것을 감추고 겸손해 하며 자신을 낮추고 있는 자신의 모습을 보일 때 남은 그것을 알아볼 수 있는 것이다.

이러한 것을 알아보는 사람은 혜안을 가지고 있는 것이다. 이러한 혜안을 가지고 있는 사람은 그 사람의 앞날도 예언할 수 있다.

저자가 하건소를 보았을 때 지혜를 감추고 자신을 낮추고 있는 모습을 보게 되어 하건소 앞날에 대해 예언을 했는데 그 예언이 적중한 것이다.

壬辰歲予入覲[1] 接夏建所[2] 見其人氣虛意下 謙光迫人 歸而告友人曰 凡天將發斯人也 未發其福 先發其慧 此慧一發 則浮者以實 肆者以斂 建所溫良若此 天啓[3]之矣 及開榜果中式

1) 覲(근) : 천자(天子)를 알현하는 것.
2) 夏建所(하건소) : 당시의 관리인데 누구인지 자세한 기록이 없다.
3) 天啓(천계) : 하늘이 열어주리라. 곧 등용시킬 것이다.

사. 도사에게 굴복한 장외암(張畏岩)

강음(江陰) 땅의 장외암(張畏岩)이 학문을 쌓아 글을 잘 지어 문학예술계에서 명성이 있었다.

그는 갑오년(甲午年)에 남경(南京)에서 실시하는 향시(鄕試)를 치르고 한 절간에서 기숙하고 지냈다.

어느날 합격자 명단이 게시되었는데 자기 이름이 없었다. 그는 크게 시험관을 욕하고 흘겨보았다.

그때 한 도사가 곁에 있었는데 그를 보고 빙그레 웃었다.

장외암이 급히 노여움을 그 도사에게 옮겨 말했다.

"당신은 어째서 나를 비웃습니까?"

도사가 말했다.

"그대의 글을 관찰해보면 반드시 아름답지 않을 것입니다?"

장외암이 더욱 성내며 말했다.

"그대는 또 나의 글을 보지 못했는데 어찌 내 글이 아름답지 않다는 것을 압니까?"

도사가 말했다.

"글을 짓는 데는 심기(心氣)의 화평을 귀하게 여긴다는 말을 들었습니다. 지금 그대가 시험관을 욕하는 말을 들어보면 가슴 속에 불평이 매우 심합니다. 글이 어찌 빼어날 수 있겠습니까?"

장외암이 자기도 모르는 사이 도사에게 굴복하였다. 인하여 도사에게 나아가 가르침을 요청했다.

도사가 말했다.

"천명이 만약 합격하게 되어 있으면 곧 글이 빼어나지 않더라도 또한 합격합니다. 천명이 진실로 합격하게 되어 있지 않으면 글이 비록 빼어나더라도 무익합니다. 모름지기 자기가 천명을 바꾸어야 비로소 성공할 수 있습니다."

자신의 글이 빼어나다고 자만에 빠지면 주위를 돌아보지 못하고 주위를 돌아보지 못하면 오만에 빠져서 발전이 없다.

장외암도 이러한 사람이었다. 그러나 도사의 지적을 받고 그에게 굴복하고 가르침을 청한다는 것은 자신의 과오를 뉘우친다는 것이며 겸손이 발로된 상황이다.

하늘의 도는 겸손한 것을 도와주는 것이라고 했다. 자신의 과오를 승복하고 겸손해짐으로써 장외암도 좋은 결과가 있었던 것이다.

江陰張畏岩[1] 積學工文[2] 有聲秋林[3] 甲午南京鄕試 寓一寺中 揭榜無名 大罵試官 以爲瞇目[4] 時有一道者 在旁微哂[5] 張遽移怒 謂汝何爲笑我 道者曰 相公之文必不佳 張益怒曰 汝又不見我文 烏知不佳 曰 聞作文貴心氣和平 今聽罵詈試官之辭 則胸中不平甚矣 文安得工 張不覺[6]屈服 因就而請教焉 道者曰 命若該中 卽文字不工亦中 命苟不該中 文雖工無益也 須自己做箇轉變始得

1) 張畏岩(장외암) : 어떤 사람인지 자세한 기록이 없다.
2) 工文(공문) : 글을 잘 꾸미다. 글을 잘 짓다.
3) 秋林(예림) : 예는 예(藝)와 같다. 예림은 문학의 집단.
4) 瞇目(미목) : 눈으로 흘겨보다.
5) 微哂(미신) : 빙긋이 웃다. 조소하다.
6) 不覺(불각) : 드러내지 않다.

아. 저는 가난한 선비입니다

장외암이 말했다.

"저의 운명은 이미 합격하지 못할 운명인 것 같습니다. 모름지기 편안한 마음으로 그 말씀을 듣겠습니다. 어떻게 해야 운명을 변화시킬 수 있겠습니까?"

도사가 말했다.

"운명을 창조하는 자는 하늘이요, 운명을 받들어 살아가는 자는 나입니다. 힘써 착한 일을 행하고, 널리 음덕을 쌓고, 또 겸손하고 삼가는 뜻을 더하여 아름답게 운명을 받든다면, 무슨 복인들 구할 수 없겠습니까?"

장외암이 말했다.

"저는 가난한 선비입니다. 어떻게 돈을 얻어서 착한 일을 행하고 음덕을 쌓을 수 있겠습니까?"

도사가 말했다.

"착한 일과 음덕은 다 마음으로 말미암아 만들어지는 것입니다. 언제나 이 착한 마음을 보존하면 공덕이 무량하고, 또 약간 겸허할 것 같으면 아울러 돈을 쓰지 않아도 됩니다. 그대는 어찌하여 스스로를 반성하지 않고 시험관을 욕했습니까?"

장외암이 이로부터 깨달은 바가 있어 자기 고집을 꺾고 절조를 스스로 지키며 착한 일을 날로 더 닦고 덕을 날로 더 두텁게 했다.

▨운명은 개척하는 것이지 주어진 삶을 사는 것은 아니다. '두드리면 열릴 것이다'라고 한 것은 노력하는 자에게 주어진다는 진리이다.

겸손하고 좋은 일을 한다면 앞날이 열릴 것이요, 남을 원망하고 모든 것을 남의 탓으로 돌리는 자에게는 복이 오지 않는다.

『주역』의 겸괘(謙卦) 여섯 효는 다 나쁜 뜻이 들어있지 않다. 곧 좋은 괘라는 것이다.

張曰 命[1]旣不中 須安意聽之 如何轉變 道者曰 造命者天 立命者我 力行善事 廣積陰德 而又加意謙謹 以承休命[2] 何福不可求哉 張曰 我貧儒也 安得錢來 行善事積陰功[3]乎 道者曰 善事陰功 皆由心造 常存此心 功德無量 且如謙虛一節 並不費錢 儞[4]如何不自反而罵試官乎 張由此感悟 折節自持 善日加修 德日加厚

1) 命(명) : 자신의 운명.
2) 休命(휴명) : 아름다운 운명.
3) 陰功(음공) : 남이 알지 못하게 쌓은 공덕.
4) 儞(니) : 너의 뜻. 그대의.

자. 꿈속에서 과거 합격자 명단을 보았다

정유년(丁酉年)에 꿈속에서 장외암이 어느 한 집에 이르렀다. 그 집은 아주 높다랗게 지어져 있었다.

거기서 과거시험의 합격자 명단을 적은 장부 한 권을 얻었다. 그 속에는 아무것도 기록되지 않은 줄이 많았다.

장외암이 옆사람에게 물었다.

"이것은 이번 과거시험의 합격자 명단을 적은 장부인데 어찌하여 그 이름을 빠뜨린 것이 많습니까?"

옆사람이 말했다.

"과거는 천상에서 3년에 한 번 치릅니다. 모름지기 덕을 쌓고 허물이 없는 자라야 바로 이 장부에 이름이 있게 됩니다.

장부의 앞쪽에서 이름이 빠진 사람들은 옛날에는 다 과거의 합격에 해당되었으나 새로 덕을 해치는 행동을 했기 때문에 그 이름을 없앤 것입니다."

옆사람이 뒷쪽의 한 줄을 가리키며 말했다.

"그대는 3년 동안 몸가짐을 자못 삼가해 왔습니다. 혹 마땅히 여기에 그대의 이름이 보충될지 모르니 자중자애(自重自愛) 하십시오"

이번 과거에서 과연 105등으로 합격했다. 바로 꿈 속에서 가리킨 것과 같았다. 이러한 것으로부터 볼 때 머리를 세 자만 들고 살피면 결단코 신명이 있는 것이다.

▨자신을 낮추고 겸손하여 선행을 시행한 것과 그의 소원이 꿈으로 형상화하여 나타난 증거이다.

또 인간의 운명은 이미 정해졌더라도 하늘의 명이 항상되지 않은 것처럼 사람의 운명도 행동하는 공과에 따라서 결과가 바뀐다는 것을 보여주는 실례이다.

丁酉夢至一室 其房甚高 得試錄[1]一册 中多缺行 問傍人曰 此今科試錄 奈何多缺其名 傍人曰 科第天上三年一考校 須積德無咎者方有名 如前所缺 皆係舊該中式 因新有薄行[2]而去之者也 指後一行云 汝三年來 持身頗愼 或當補此 珍重自愛 是科果中一百五名 正夢中所指者也 由此觀之 擧頭三尺 決有神明[3]

1) 試錄(시록) : 과거시험의 명단을 기록한 것.

2) 薄行(박행) : 경박한 행위. 덕을 해치는 행위.
3) 神明(신명) : 하늘의 신령이나 땅의 신령.

차. 공명에 뜻을 가지면 공명을 얻는다

길한 것을 추구하고 흉한 것을 피하는 것은 단연코 나로 말미암는 것이다.

모름지기 내가 마음을 보존하고 행동을 통제하여 터럭 만큼도 하늘과 땅의 귀신들에게 죄를 짓지 않고, 마음을 비우고 몸을 굽혀 하늘과 땅의 귀신들로 하여금 때때로 나를 불쌍히 여기에 한다면, 바야흐로 거의 복을 받는 터를 가지는 것이다.

옛 말씀에 이르기를 "공명에 뜻을 가지는 자는 반드시 공명을 얻고, 부귀에 뜻을 가지는 자는 반드시 부귀를 얻는다."라고 하였다.

사람이 뜻을 가진 것은 나무가 뿌리를 가진 것과 같다.

곧 모든 군대를 동원하여도 한 사람의 뜻은 **빼앗을** 수 없는 것이다.

이 뜻을 세워 정하고 모름지기 생각마다 겸허하고 때때로 방편을 쓰면 자연히 천지를 감동시킬 것이며 하늘의 명을 만드는 것도 나로 말미암을 것이다.

지금 과거의 합격을 바라는 사람이 처음부터 일찍이 참된 뜻이 있지 않다면 한 때의 흥미에 지나지 않을 따름이다. 그래서 흥이 이르면 구하게 되고 흥이 막히면 그치게 된다.

맹자께서 말씀하였다.

"왕께서 음악을 매우 좋아하시니 제(齊)나라는 잘 다스려

질 것입니다."

나의 과거시험에 있어서도 또한 이와 같은 것이다.

▨그 마음이 있으면 통하여 얻을 것이다. 곧 그의 정성이 담겨서 하늘을 감동시키면 하늘도 감동하여 그에게 그 정성에 대한 결과물을 주리라는 것이다.

인간은 누구나 길한 것을 좋아하고 흉한 일을 피하려 한다. 곧 좋은 것 갖기를 좋아하고 나쁜 것 갖기를 싫어한다. 아름다운 것을 좋아하고 추한 것을 싫어한다.

그러나 이러한 것들은 숙명으로 받아들이고 아름다운 것이든 추한 것이든 길한 것이든 흉한 것이든 가리지 않고 처한 현실에 순응하며 자신을 갈고 닦아 더욱 정진할 때 하늘도 감동하고 귀신도 감동하여 자신이 얻고자 하는 것을 얻을 수 있을 것이다.

속담에 '정신일도 하사불성(精神一到何事不成)'이라는 말이 있다. 이것은 한 곳에 정신을 집중시키면 무슨 일이든 성취시킬 수 있다는 교훈이다.

장외암의 과거시험도 이와 마찬가지이다. 구하려고 노력하여야 얻는 것이기 때문이리라.

趨吉避凶 斷然[1]由我 須使我存心制行 毫不得罪于天地鬼神 而虛心屈己 使天地鬼神時時憐我 方纔 有受福之基 古語[2]云 有志于功名者 必得功名 有志于富貴者 必得富貴 人之有志 如樹之有根 乃三軍不可奪者 立定此志 須念念謙虛 塵塵[3]方便 自然感動天地 而造命由我 今之求登科第者 初未嘗有眞志 不過一時意興耳 興到則求 興闌則止 孟子[4]曰 王之好樂甚 齊其庶幾乎 予於學業亦云

1) 斷然(단연) : 단호하게. 곧 일단 결심한 것을 과단성 있게 행동하다.
2) 古語(고어) : 옛날부터 전해오던 말.
3) 塵塵(진진) : 때때로.
4) 孟子(맹자) : 저서 이름으로 이 말은 『맹자』 양혜왕(梁惠王)편에 나와 있는 문장.

제3장 착한 일을 많이 하라〔積善〕

1. 선행(善行)을 쌓다

가. 좋은 일을 많이 한 집안에는

『역경』에 쓰여있다.

"착한 일을 많이 쌓은 집안에는 반드시 여유있는 기쁜 일이 있으리라."

옛날 노(魯)나라의 안씨(顔氏)가 자기 딸 안징재(顔徵在)를 공자(孔子)의 아버지 숙량흘(叔梁紇)의 아내로 줄 때, 숙량흘이 자기 조상들이 덕을 쌓아온 것이 오래되었다는 것을 다 설명하자, 안보는 숙량흘의 자손중에 반드시 흥성할 자가 있을 것을 미리 알았다.

이 말이 어찌 농담이었겠는가?

공자가 순(舜)임금의 큰 효도를 칭찬하여 말하였다.

"종묘에서 제사를 받으시고 자손도 보존하셨도다."

공자께서 논의한 것은 지극히 정밀하다 하겠다. 시험삼아 지나간 일로써 증명해 보이겠다.

▨ '덕을 쌓는 집안에는 여유로운 경사가 있다'고 『주역』에서 말한 것은 반드시 좋은 일을 많이 하라는 것이다. 이것은 불교에서 인과응보(因果應報)란 말과 상통하는 말이다.

많은 악연을 맺으면 반드시 악업을 받게 되고 좋은 인연을 맺게 되면 경사를 가져온다. 이러한 것은 꼭 종교에서만 있는 것이 아니라 사회의 통상적인 진리라고 여겨야 한다.

아래에서 그의 실증적인 실례를 살펴보자.

易[1]曰 積善之家 必有餘慶 昔顔氏[2]將以女妻叔梁紇[3] 而歷[4]叙其祖宗積德之長 逆知[5]其子孫必有興者 豈漫說哉 孔子[6]稱舜之大孝而曰 宗廟饗之 子孫保之 論至精矣 試以往事徵[7]之

1) 易(역) : 『주역(周易)』을 말한다. 『주역』 곤괘(坤卦) 문언(文言)전의 문장이다.
2) 顔氏(안씨) : 안보(顔甫)로 공자(孔子)의 외할아버지.
3) 女妻叔梁紇(여처숙량흘) : 딸을 숙량흘에게 아내로 주다. 숙량흘은 공자(孔子)의 아버지이다. 공자의 아버지 숙량흘은 안보(顔甫)의 딸인 안징재(顔徵在)에게 장가를 들었다. 그러므로 공자의 어머니는 안징재이다.
4) 歷(역) : 설명하다. 내력을 이야기하다.
5) 逆知(역지) : 미리 알다. 먼저 알다.
6) 孔子(공자) : 이름은 구(丘). 자는 중니(仲尼). 유가(儒家)의 교조(敎祖)이며 춘추시대(春秋時代)의 노(魯)나라 사람이다. 처음에 노나라에서 사구(司寇)벼슬을 하다 사직하고 여러 나라를 두루 돌아다니며 도(道)를 행하려고 했으나 쓰여지지 않자 노나라로 다시 돌아와서 시(詩) 서(書) 예(禮) 악(樂) 역(易) 춘추(春秋) 등 육경(六經)을 산술

(删述)하였다. 동양(東洋)의 성인(聖人).

7) 徵(징) : 증험, 증거의 뜻.

나. 사람만을 구한 양영(楊榮)의 선조들

소사(少師) 벼슬을 지낸 양영은 건녕부(建寧府) 사람이다.

집안이 대대로 사람들을 배에 태우고 물을 건네주는 것을 직업으로 삼아 먹고 살았다.

한 번은 오랫동안 비가 내려 계곡물이 불어나고 마구 흘러 물의 재난이 일어나 백성들의 집이 부딪쳐 부서지고 물에 빠져 죽은 이들이 물살을 따라 떠내려 갔다.

다른 배의 뱃사공들은 다 물건만을 건졌으나 유독 양영의 증조부(曾祖父)와 조부(祖父)만이 사람을 구제하고 물건은 하나도 건지지 않았다.

고을 사람들은 그들의 어리석음을 비웃었다.

양영의 아버지가 태어났을 무렵 집안의 살림살이가 점점 넉넉해졌다.

어떤 신인(神人)이 도사로 변화하여 양영의 아버지에게 말했다.

"너의 할아버지에게 음덕(陰德)이 있으니 자손들이 마땅히 귀하고 현달하게 되리라. 마땅히 아무땅에 너의 할아버지 장사를 지내라."

양영의 아버지가 드디어 신인이 가리킨대로 할아버지의 장사를 치렀다. 곧 지금의 백토분(白兎墳)이 그곳이다.

나중에 양영을 낳았는데 20살 안팎에 과거에 합격했다. 양영의 지위는 삼공(三公 : 태사(太師) 태부(太傅) 태보(太保))에 이르렀고, 증조할아버지와 할아버지를 다 자기의 벼슬과 같은 지위로 추존했다.

양영의 자손들도 귀하고 흥성하게 되었는데, 지금도 오히려 자손들 중에 어진 사람이 많다.

▨자신의 이익만을 생각하지 않고 남을 구제하는데 힘을 쏟고 사회공익을 위하고 자신을 위하지 않을 때 하늘은 반드시 그 자신에게 복을 주지 않으면 후손에게라도 보답하리라.

그 보답이 현실화된 사건들이다.

이러한 사실들은 불전에 흔히 나오는 이야기이기도 하다. 이러한 것을 인과응보의 결과라고 일컬을 수 있다.

楊少師[1]榮 建寧府[2]人也 世以濟渡爲生 久雨溪漲 橫流衝毀民居 溺死者順流而下 他舟皆撈取貨物 獨少師[3]曾祖[4]及祖惟捄人 而貨物一無所取 鄕人嗤其愚 逮少師父生 家漸裕 有神人[5]化爲道者 語之曰 汝祖父有陰功 子孫當貴顯 宜葬某地 遂依其所指而定之 卽今白兎墳也 後生少師 弱冠登第 位至三公[6] 加曾祖祖父 皆如其官 子孫貴盛 至今尙多賢者

1) 少師(소사) : 태사(太師)에 버금가는 벼슬아치. 삼고(三孤)라고 칭하는데 소사(少師), 소부(少傅), 소보(少保)라고 한다.
2) 建寧府(건녕부) : 땅 이름.
3) 少師(소사) : 소사벼슬을 지낸 양영(楊榮)을 가리킨다.
4) 曾祖(증조) : 할아버지의 아버지를 뜻한다.
5) 神人(신인) : 신령한 사람. 산신령.
6) 三公(삼공) : 태사(太師), 태부(太傅), 태보(太保)를 일컫는다.

다. 죄수를 잘 돌본 양자징(楊自懲)

근현(鄞縣) 사람 양자징은 처음에 고을의 낮은 벼슬아치가 되었는데, 그는 마음가짐이 인자하고 후덕하며 법을 공평하게 지켰다.

어느 때 고을을 관장하는 군수가 매우 엄격한 사람이었는데 우연하게 한 죄수를 매질하였다. 죄수의 피가 고을 군수 앞에까지 가득히 흐를 정도였으나 군수는 오히려 성냄을 그치려 하지 않았다.

양자징이 무릎을 꿇고 고을 군수에게 사죄하며 성냄을 풀고 너그럽도록 청하였다.

고을의 군수가 말했다.

"일찍부터 법을 짓밟고 도리를 거스르는 이런 사람을 곧 어찌할 수 있겠는가? 나는 다른 사람의 일로 말미암아서는 성내지 않는 사람이네."

양자징이 머리를 조아리며 말했다.

"윗사람이 그 도를 잃어서 백성들이 흩어진 지 오래되었습니다. 진실로 백성들의 마음을 얻으려면 그들을 불쌍히 여겨야지 기뻐해서는 안됩니다. 기뻐해도 또한 백성들의 마음을 얻기가 불가능하거늘 하물며 성내서야 되겠습니까?"

고을의 군수가 성낸 얼굴을 풀었다.

양자징은 집이 아주 가난했으나 뇌물은 조금도 받지 않았고, 먹을 것이 모자라는 죄수들을 만나면 여러 방면으로 그들을 구제했다.

하루는 어떤 새로운 죄수 몇사람이 밥먹여 주기를 기다렸으나 양자징의 집에는 쌀이 모자랐다. 죄수들에게 급식하자니 집안 사람들이 밥을 먹을 수가 없고, 집안 사람들을 돌보자니 죄수들에게 또한 양식이 부족했다.

양자징은 그의 아내와 상의했다.

아내가 말했다.

"죄수들은 어디서 왔습니까?"

양자징이 말했다.

"항주(杭州)에서 왔습니다. 연도에서 그들은 굶주림을 참았고, 그들에게서는 풀을 먹어 푸르게 된 얼굴빛을 찾을 수 있습니다."

이에 양자징이 자기 집안의 쌀을 거두어 죽을 쑤어 죄수들을 먹였다.

양자징은 나중에 두 아들을 낳았는데 큰 아들은 양수진(楊守陳)이고, 작은 아들은 양수지(楊守阯)였다.

그들은 남북(南北)조시대에 이부시랑(吏部侍郞)이 되었다.

양자징의 큰손자는 형부시랑(刑部侍郞)이 되고, 둘째손자는 사천(四川) 땅의 감찰관이 되었다. 또 함께 유명한 신하가 되었다.

지금 초정(楚亭) 땅의 양덕정(楊德政)도 양자징의 후예이다.

▨양자징의 실례를 들어서 남을 구제하면 자손에게 복이 되돌아오는 것을 말하였다.

자신의 자손은 굶주리게 하면서 남을 구제하는 일이란 보통 사람으로서는 할 수 없는 일들이다.

이러한 사람의 집안에 복을 준다는 것은 당연하다고 하지 않겠는가? 또 그 집안의 후손이 번창히는 것도 당연하지 않겠는가?

鄞[1]人楊自懲[2] 初爲縣吏[3] 存心仁厚 守法公平 時縣宰[4]嚴肅 偶撻一囚 血流滿前 而怒猶未息 楊跪而寬解之 宰曰 曾奈得此人越法悖理 不由人不怒 自懲叩首曰 上失其道 民散久矣 如得其情 哀矜勿喜 喜且不可 而況怒乎 宰爲之霽顔 家甚貧 餽遺一無所取 遇囚人乏食 多方以濟之 一日有新囚數人待哺 家又缺米 給囚則家人無食 自顧則囚又乏糧 與其婦商[5]之 婦曰 囚從何來 曰 自杭而來 沿途忍饑 菜色可掬 因徹己之米 煮粥以食囚 後生二子 長曰守陳 次曰守阯 爲南北吏部侍郎[6] 長孫爲刑部侍郎[7] 次孫爲四川廉憲[8] 又俱爲名臣 今楚亭德政[9]亦其裔也

1) 鄞(근) : 중국의 땅 이름.
2) 楊自懲(양자징) : 당시에 전해오는 사람. 기록이 없다.
3) 縣吏(현리) : 고을의 관리.
4) 宰(재) : 고을의 최고 우두머리. 지금의 군수.
5) 商(상) : 헤아리다.
6) 吏部侍郎(이부시랑) : 인사행정을 맡은 부서의 차관.
7) 刑部侍郎(형부시랑) : 요즘의 법무부차관.
8) 廉憲(염헌) : 감찰관.
9) 楚亭德政(초정덕정) : 초정고을의 양덕정이라는 사람. 자세한 기록이 없다.

라. 죄없는 사람 만명을 살린 사도사(謝都事)

옛날 명(明)나라 영종(英宗) 정통(正統) 13년 8월에, 등무칠(鄧茂七)이 복건성(福建省)에서 반란을 일으켰는데 사현

(沙縣)에서부터 시작했다.

반란군의 세력이 연평(延平) 땅 등지로 뻗치자, 백성들 중에 반란군을 따르는 자들이 아주 많았다.

조정에서는 근현(鄞縣)의 도헌(都憲)인 장해(張楷)를 기용하여 남쪽을 정벌하는데 계책으로써 반란군을 사로잡게 했다.

그뒤 포정사(布政司)인 사도사(謝都事)에게 동로(東路)의 반란군 일당을 찾아 죽이도록 위임했다.

사도사는 반란군에게 달라붙은 자들의 명부를 구하여, 무릇 반란군에게 붙지 않은 사람들에게 몰래 흰 베로 만든 작은 깃발을 주어 병사들이 그곳에 이르는 날 그들의 문 머리에 꽂도록 했다. 또 병사들에게는 함부로 사람들을 죽이지 말도록 경계시켰다.

그리하여 모두 죄가 없는 사람 만 명을 살렸다.

이러한 일이 있은 후 사도사의 아들 사천(謝遷)은 장원급제하여 재상이 되었고, 손자 사비(謝丕)는 다시 전시(殿試)에서 3등으로 합격했었다.

▨반란군을 살려 주자는 것은 당시의 현실을 감안한다면 얼마나 대단한 발상인가?

자칫 잘못하면 자신의 생명도 부지하기 어려운 처지인데 하물며 적군을 살려주자고 꾀를 낸다는 것은 매우 어려운 일이다.

무고한 백성이 반란군으로 오인받아 1만명이나 죽는다면 얼마나 비참한 현실인가.

이런 위험한 현실을 초월하고 무고한 백성 1만명을 살려냄으로써 하늘의 복을 후손이 받는다는 것은 당연한 귀결이라 하겠다.

제3장 착한 일을 많이 하라〔積善〕 75

　昔正統間[1] 鄧茂七[2]倡亂于福建[3] 始于沙縣[4] 蔓及延平[5]等處 士民[6]從賊者甚衆 朝廷起鄞縣張都憲楷[7]南征 以計擒賊 後委布政司[8]謝都事搜殺東路賊黨 謝求賊中黨附冊籍 凡不附賊者 密授以白布小旗 約兵至日揷旗門首 戒軍兵毋妄殺 全活萬人 後謝之子遷中狀元[9]爲宰輔[10] 孫丕復中探花[11]

1) 正統間(정통간) : 정통연간. 명(明)나라 영종(英宗)의 연호 영종의 정통 13년 8월에 등무칠이 난리를 일으켜 민왕(閩王)으로 칭하였다.
2) 鄧茂七(등무칠) : 명(明)나라 영종 13년에 복건성을 기반으로 난을 일으켜 민왕(閩王)으로 칭하다가 다음해 2월에 피살되었다.
3) 福建(복건) : 땅 이름. 중국의 동남부에 위치하여 대만해협쪽에 위치한 성(省) 이름.
4) 沙縣(사현) : 복건성 안에 있는 고을 이름.
5) 延平(연평) : 복건성 안에 있는 고을 이름.
6) 士民(사민) : 고을 내의 선비나 일반 백성들.
7) 張都憲楷(장도헌해) : 도헌벼슬에 있는 장해(張楷).
8) 布政司(포정사) : 각 성(省)의 행정사무를 관장한 장관.
9) 狀元(장원) : 과거에 제일 으뜸으로 합격한 사람.
10) 宰輔(재보) : 재상. 지금의 국무총리격.
11) 探花(탐화) : 과거에 세번째로 급제한 사람.

마. 경단을 만들어 베푼 임씨(林氏)

　보전(莆田) 땅에 임씨라는 사람이 살았는데 선대(先代)로부터 착한 일 하기를 좋아하는 늙은 어머니가 있었다.
　어머니는 늘 경단(瓊團 : 떡)을 만들어 사람들에게 베풀어 주었다.

　경단을 먹으러 오는 자에게는 주저없이 경단을 베풀어 주었고 조금도 주는 일에 대하여 귀찮아하는 기색이 없었다.

　한 신선이 그의 정성을 시험하기 위해 왔는데, 한 도인으로 변화하여 아침마다 6, 7개의 경단을 달라고 해서 먹었다.

　어머니는 날마다 신선에게 경단을 주었는데, 3년 동안 경단 주는 것을 하루같이 똑같이 하였다.

　신선은 곧 어머니의 정성을 알고는 어머니에게 말했다.

　"내가 3년 동안 그대의 경단을 먹었는데 무엇으로써 그대에게 보답해야 할까요?

　마을 뒷산에 한 곳의 땅이 있는데, 그대가 죽은 뒤 그곳에 장사를 지내면 자손들이 벼슬길에 이르는 이가 삼씨 한 되의 수효 만큼 될 것입니다."

　그의 아들은 그의 어머니가 돌아가자 그 시신을 신선이 가르쳐 준 곳에 묻었는데, 아들 세대에 이르러 곧 아홉 사람이 과거에 합격했다.

　그 집안에서는 여러 세대에 걸쳐 벼슬하는 사람들이 아주 많았고 '복건성(福建省)에는 임씨가 없으면 과거에 합격할 사람이 없다.'라고 하는 노래까지 있었다.

　▨남에게 베풀되 3년 동안을 베풀면서 짜증 한 번 내는 일 없이 베푼다는 것은 대단한 정성이며 행하기 어려운 일이다.

　남에게 먹을 것을 주더라도 하루 이틀 하다보면 차츰 싫증이 나거나 짜증이 나게 마련인데 하루 이틀도 아닌 3년이란 기간을 처음과 같이 정성껏 한다는 것은 인간으로서는 하기 힘든 일들이다.

　이러한 하기 힘든 일을 댓가도 바라지 않고 행한 사람의 후손이 복을 받는 것 역시 당연한 귀결이라 하겠다.

　莆田[1]林氏 先世有老母好善 常作粉團[2]施人 來取者卽與之 無倦色 一仙來試其誠否 化一道人 每旦索食六七團[3] 母日日與之 終三年如一日 乃知其誠也 因謂之曰 吾食汝三年粉團 何以報汝 府後[4]有一地葬之 子孫官爵 至一升麻子[5]之數 其子依所點葬之 初世[6]卽有九人登第 累代簪纓[7]甚盛 福建有無林不開榜之謠

1) 莆田(보전) : 복건성(福建省)에 소속되어 있는 고을.
2) 粉團(분단) : 경단(瓊團). 찹쌀로 만드는데 바깥은 삼잎으로 싸고 안에는 기름을 넣어 익힌다.
3) 六七團(육칠단) : 6개 내지 7개의 경단.
4) 府後(부후) : 마을의 뒷산.
5) 麻子(마자) : 삼씨. 삼씨는 아주 잘다.
6) 初世(초세) : 처음대부터.
7) 簪纓(잠영) : 관원이 쓰는 관에 꽂는 비녀와 갓끈. 곧 벼슬에 오른 사람의 뜻.

바. 시체를 구한 풍탁암(馮琢庵)의 아버지

　풍탁암(馮琢庵) 태사(太史)의 아버지가 시골 학교의 학생이 되었을 때의 일이었다.

　추운 겨울에 아침 일찍 일어나 학교에 가다가 길에서 눈 속에 엎어져 있는 한 사람을 만났다. 그를 문질러보니 반쯤은 얼어죽은 시체나 마찬가지였다.

　드디어 자기의 솜옷을 벗어 그 사람에게 입혀주고, 또 부축하여 집으로 돌아가서는 그 사람을 되살아나게 했다.

풍탁암 아버지의 꿈에 신인(神人)이 나타나 알려 주었다.

"그대가 한 사람의 목숨을 구한 것은 참된 마음에서 우러나온 것이다. 나는 한기(韓琦)를 보내 그대의 아들이 되도록 하겠다."

풍탁암 아버지는 풍탁암을 낳고는 드디어 이름을 기(琦)라고 지었다.

▨풍탁암의 아버지가 한 가지 좋은 일을 하고 보답을 받은 실증을 기록했다.

풍탁암의 아버지도 얼어죽은 사람을 살려서 덕을 보려고 하지 않았으나 결과는 보답을 받은 것이다.

馮琢庵太史[1]之父爲邑庠生[2] 隆冬[3]早起赴學 路逢一人倒臥雪中 捫之半僵矣 遂解己綿裘衣之 且扶歸救甦 夢神人告之曰 汝救人一命 出自誠心 吾遣韓琦[4]爲汝子 及生琢庵 遂名琦

1) 馮琢庵太史(풍탁암태사) : 태사의 벼슬을 한 풍탁암이라는 당시의 사람. 태사는 나라의 법규나 기록을 맡은 관리. 곧 천시(天時), 성력(星歷), 제사(祭祀) 따위를 다스리던 벼슬.
2) 庠生(상생) : 지금의 초등학교. 향리의 학교. 시골의 학교.
3) 隆冬(융동) : 추운 겨울.
4) 韓琦(한기) : 송(宋)나라의 현신(賢臣). 위국공(魏國公)에 봉해졌다. 이름은 기(琦). 자는 아규(雅圭)이며 상주(相州) 사람이다. 20세에 진사(進士)시험에 급제하였다. 정승을 10년간이나 지냈으며 범중엄(范仲淹)과 함께 이름을 날린 정치가이며 세상에서는 한범(韓范)이라고 일컫는다.

사. 귀신들을 두려워하지 않은 응상서(應尙書)

대주(台州)에 사는 응상서(應尙書)가 젊었을 때 산속에서 과거시험을 위한 학업을 익혔다.

밤에 귀신들이 휘파람을 불며 그곳에 모여들어 이따금씩 사람들을 놀라게 했으나 응상서는 두려워하지 않았다.

어느 날 저녁에 귀신의 이야기소리가 들렸다.

"아무개 집의 며느리는, 남편이 오래도록 나그네로 떠돌아 집에 돌아오지 않자 시부모들이 다른 곳으로 시집가도록 핍박하고 있어서 내일밤 여기서 목매 죽을 것이다. 내가 그의 남편 역할을 대신할 수 있다."

응상서가 몰래 경작지를 팔아 은 4냥을 마련해서는 거짓으로 그 남편의 글을 지어 은과 함께 그 집으로 보냈다.

그 집 시부모들은 글을 보고 필적이 자기 아들의 것과 달라 의심했으나 이윽고 말했다.

"글은 가짜일 수 있으나 은은 가짜일 수 없다."

시부모들은 자기 아들이 아무 탈이 없다고 여겼고, 며느리는 드디어 다른 곳으로 시집가지 않았다. 그 아들이 나중에 돌아오자 아들부부는 처음처럼 서로 잘 지냈다.

응상서가 또 귀신이 서로 말하는 소리를 들었는데, 귀신이 말하기를

"내가 마땅히 남편 역할을 대신할 수 있었는데 내 일을 망가뜨린 이 선비를 어찌하면 좋겠느냐?"

라고 하니, 옆의 한 귀신이 말했다.

"너는 어째서 그 선비에게 재앙을 끼치지 않느냐?"

그 귀신이 말했다.

"상제(上帝)님께서 이 사람의 마음이 좋기 때문에 음덕을 지어 상서가 되도록 명령하셨으니, 내가 어찌 그에게 재앙을 끼칠 수 있겠느냐?"

응상서는 이 일로 인하여 더욱더 스스로 노력하여 착한 일을 날로 더욱 닦고 덕을 날로 더욱 두텁게 했다.

흉년을 만나면 문득 자기 곡식을 덜어 굶주린 이들에게 베풀어 주었다. 위급한 일이 있는 친척을 만나면 문득 자상하게 그들을 돌봐주었고, 자기가 횡액을 만나면 문득 자신을 반성하여 스스로를 자책하여 기쁜듯이 순순히 그 사실을 자기의 인과(因果)로써 받아들였다.

응상서의 자손으로 과거에 합격한 사람들이 지금도 연이어 계속되고 있다.

▨좋은 일을 베풀어서 본인도 인과(因果)를 받고 자손도 인과를 받은 응상서의 일을 기록하였다.

좋은 일을 쌓아 많은 공덕을 이루면 귀신도 해치지 못하고 하늘도 감동한다는 사실을 이야기한 것이다.

台州應尙書[1] 壯年習業于山中 夜鬼嘯集 往往[2]驚人 公不懼也 一夕聞鬼云某家婦 以夫久客不歸 翁姑逼嫁之 明夜當縊死于此 吾得代矣 公潛賣田 得銀四兩 卽僞作其夫之書 寄銀還家 其父母見書 以手跡不類疑之 旣而曰 書可假 銀不可假 想兒無恙 婦遂不嫁 其子後歸 夫婦相保如初 公又聞鬼語 曰 吾當得代 奈此秀才[3]壞吾事 旁一鬼曰 爾何不禍之 曰 上帝[4]以此人心好 命作

陰德尚書矣 吾何得而禍之 應公因此益自努勵 善日加修 德日加厚 遇歲饑 輒捐穀以賑之 遇親戚有急 輒委曲[5]維持 遇有橫逆 輒反躬自責 怡然[6]順受 子孫登科第者今累累[7]也

1) 應尙書(응상서) : 응씨 성을 가진 상서(尙書). 상서는 상서성(尙書省)의 장관. 국무총리에 해당된다.
2) 往往(왕왕) : 이따금씩.
3) 秀才(수재) : 재주가 빼어난 사람.
4) 上帝(상제) : 하느님. 하늘에 있는 옥황상제.
5) 委曲(위곡) : 자세한 사정.
6) 怡然(이연) : 즐거워하는 모양.
7) 累累(누루) : 계속되다. 자주.

아. 순무사(巡撫使)에 오른 서식(徐栻)

상숙(常熟) 땅에 사는 사람으로 호가 봉죽(鳳竹)인 서식(徐栻)이라는 이가 있었는데 그의 아버지는 원래 부자였다.

어느 해 우연히 흉년이 들자 서식의 아버지가 소작농들에게 받는 지조(地租 : 조세)를 앞장서서 탕감해 주고 같은 고을 사람들도 탕감해 주도록 하였으며 또 곡식을 나누어 궁핍한 사람들에게 베풀어 주었다.

밤에 문에서 귀신들이 노래하는 소리가 들렸다.

"천에 하나라도 속이지 않고 만에 하나라도 속이지 않네. 서씨 집의 서생이 오히려 향시(鄕試)에 합격하리라."

귀신들이 서로 이어서 부르며 밤을 연달아 그치지 않았다.

이 해에 서봉죽(徐鳳竹 : 서식)은 과연 향시에 합격했다.

그의 아버지는 이에 더욱더 덕을 쌓는 일에 부지런히 힘쓰며 게으름을 피우지 않았다.

다리를 수축하고 길을 닦으며, 중들을 공양하고 많은 사람들을 접대하는 등, 무릇 사람들에게 이익이 있는 일이라면 마음을 다하지 않는 것이 없었다.

나중에 또 귀신들이 문에서 노래하는 소리를 들었다.

"천에 하나라도 속이지 않고 만에 하나라도 속이지 않네. 서씨 집의 향시에 합격한 이가 곧 도당(都堂)이 되는구나."

서식은 벼슬이 마침내 절동(浙東)과 절서(浙西)의 순무사(巡撫使)까지 되었다.

▨조그마한 선이라도 쌓으면 많은 공덕이 되고 그 공덕으로 자손이 번창하고 자손이 영화를 누리는 공덕을 열거하였다.

常熟徐鳳竹栻[1] 其父素富 偶遇年荒[2] 先捐租[3]以爲同邑之倡[4] 又分穀以賑貧乏 夜聞鬼唱于門 曰 千不誆萬不誆 徐家秀才倒做了擧人郎[5] 相續而呼 連夜不斷 是年鳳竹果擧于鄕 其父因而益積德 孳孳[6]不怠 修橋修路 齋僧接衆 凡有利益 無不盡心 後又聞鬼唱于門 曰 千不誆萬不誆 徐家擧人直做到都堂[7] 鳳竹官終兩浙巡撫[8]

1) 常熟徐鳳竹栻(상숙서봉죽식) : 상숙 땅에 사는 호가 봉죽인 서식이라는 사람.
2) 年荒(연황) : 흉년이 들은 해.
3) 捐租(연조) : 세금낼 것을 덜어주다. 곧 받아들이는 세금을 탕감해주다.
4) 倡(창) : 선도하다. 인도하다. 앞장서다.
5) 擧人郎(거인랑) : 향시에 합격한 남자.

6) 孶孶(자자) : 부지런히 힘쓰다.
7) 都堂(도당) : 벼슬 이름. 관리의 잘못을 탄핵하고 각 성(省)의 감찰을 맡았다.
8) 兩浙巡撫(양절순무) : 두 곳인 절서(浙西)와 절동(浙東)의 순무사를 뜻한다. 곧 절도사(節都使)의 다음으로 한 성(省)의 백성을 다스리고 병권을 관리하는 직책.

자. 감옥 속에서 잠을 잔 도강희(屠康僖)

가흥(嘉興) 땅에 사는 도강희공(屠康僖公)이 처음 형부주사(刑部主事)가 되었을 때 감옥 안에서 잠을 자며 모든 죄수들의 정상을 자세히 물었는데 그들 중에는 죄없는 사람도 약간은 있다는 것을 발견했다.

도강희공은 감히 스스로 자기의 공적으로 삼지 않고, 비밀히 그 일에 대한 보고서를 써서 형부상서(刑部尙書)에게 알렸다.

나중에 조정에서 심사할 때 형부상서가 도강희공의 말이 일리가 있다고 여기고 모든 죄수들을 다시 신문하였는데 불복하는 자가 없었다. 그리하여 억울한 사람 10여 명을 석방할 수 있었다.

그 일이 있고나서 일시에 수도에 사는 사람들이 다 형부상서의 일처리 하는 것이 명철하다고 칭송하였다.

도강희공은 다시 보고했다.

"수도(首都)에는 오히려 억울한 백성들이 많습니다. 천하는 넓고 백성들은 많은데 어찌 억울한 사람들이 없겠습니까? 마땅히 5년에 한 번 형벌을 감면해 주는 벼슬아치를 보내 그 죄를 규명하게 하여 그릇되게 판결한 사건을 바로잡게 해야 할 것입니다."

형부상서가 도강희공의 보고서 내용을 황제에게 보고하자 황제는 그렇게 하도록 윤허했다.

그때 도강희공은 또한 형벌을 감면해 주는 벼슬아치의 대열에 끼여 파견되었다.

도강희공의 꿈에 한 사람이 나타나 알려 주었다.

"그대의 운명에는 아들이 없습니다. 그런데 지금 감형하는 의논을 내었는데 이는 깊게 하늘의 마음에 부합합니다. 상제(上帝)님께서 그대에게 세 아들을 주셨습니다. 그대의 아들들은 다 자색옷을 입고 금 관인(官印)을 허리에 차는 높은 벼슬아치들이 될 것입니다."

이날 저녁 도강희공의 부인(夫人)이 아이를 뱄다. 이후로 아들 도응괴(屠應塤)와 도응곤(屠應坤)과 도응준(屠應埈)을 낳았는데 다 유명한 높은 관리들이 되었다.

▨억울한 옥사를 구제하여 많은 인과를 받은 도강희공의 행적을 나열하여 그의 공덕의 실상을 열거하였다.

좋은 일을 하면 반드시 복이 온다는 사실을 말해주고 있다.

嘉興屠康僖公[1] 初爲刑部主事[2] 宿獄中 細詢諸囚情狀 得其無辜者若干人 公不敢自以爲功 密疏其事 以白堂官[3] 後遇朝審 堂官摘其語以訊諸囚 無不服者 釋冤抑十餘人 一時輦下[4]咸頌尙書[5]之明 公復稟曰 輦轂之下 尙多冤民 四海之廣 兆民[6]之衆 豈無枉者 宜五年差一減刑官 覈實其罪 而平反[7]之 尙書爲奏允其議 時公亦差減刑之列 夢一人告之曰 汝命無子 今減刑之議

深合天心 上帝賜汝三子 皆衣紫腰金 是夕夫人有娠 後生應壎
應坤及應埈 皆顯官

1) 嘉興屠康僖公(가흥도강희공) : 가흥 땅의 도강희공(屠康僖公). 도는 성씨이고 강희는 시호이다.
2) 主事(주사) : 명대(明代)에 각 부(部)에 두었던 종6품의 벼슬아치.
3) 堂官(당관) : 관서의 장관. 여기서는 형부상서(刑部尙書).
4) 輦下(연하) : 연곡하(輦轂下)의 준말. 임금이 사는 수도(首都)를 가리킨다.
5) 尙書(상서) : 형부상서(刑部尙書). 곧 육부(六部)의 하나로 율령(律令)이나 형옥(刑獄)을 담당한다.
6) 兆民(조민) : 억조창생. 곧 무수한 백성.
7) 平反(평반) : 잘못된 판결의 사건을 바로잡는 것.

차. 데릴사위가 된 포빙(包憑)

가흥(嘉興) 땅에 사는 포빙은 자(字)가 신지(信之)이다.

그의 아버지는 지양태수(池陽太守)가 되었다. 그는 일곱 아들을 낳았는데 포빙이 가장 어렸다.

포빙은 평호(平湖) 땅에 사는 원씨(袁氏) 집안의 데릴사위가 되었는데 우리 아버지와 자주 왕래했었다. 포빙은 박학하고 재주가 뛰어났으나 과거시험에 여러 차례 합격하지 못했다. 포빙은 마음을 도교(道敎)와 불교에 두었다.

하루는 동쪽으로 묘호(泖湖)에 놀러갔다가 우연히 한 농촌의 산속의 절로 들어갔었다. 거기서 습기에 축축하게 젖어 노천에 서 있는 관음상을 보고는 곧 가지고 있던 10금(十金)을 꺼내 절의 주지에게 주며 관음상을 안치할 집을 짓게 했다.

주지가 그의 공덕은 크나 돈이 적어 일을 끝낼 수 없다고 알려 주자, 포빙이 다시 송포(松布) 4필을 꺼내고 옷상자 속에서 옷 일곱 벌을 꺼내 주지에게 주었다. 내복인 모시 겹옷은 새로 지은 것이었다.

포빙의 종이 그 일을 그만두도록 요청하자 포빙이 말했다.

"다만 보살님이 무사할 수 있다면 내 비록 벌거벗은들 무엇이 상심되겠느냐?"

주지는 눈물을 흘리며 말했다.

"돈과 옷과 베를 희사하는 것은 오히려 어려운 일이 아니나, 다만 이 한 점의 마음을 어떻게 쉽사리 얻겠습니까?"

나중에 관음상을 안치할 집이 완공되었는데 포빙이 늙은 아버지를 데리고 함께 그 절에 놀러가 잠을 잤다.

포빙의 꿈에 절의 수호신이 나타나 감사하며 말했다.

"그대의 자손은 마땅히 대대로 봉록을 누릴 것입니다."

나중에 포빙의 아들 포변(包汴)과 손자 포정방(包檉芳)이 다 과거에 합격하여 높은 벼슬에 오르고 관리로서 이름을 날렸다.

▨부처에게 공양을 쌓아 자손의 영화를 얻은 포빙의 집안일을 기록하였다.

부처에게 공양(供養)을 바쳐도 자손이 번성하고 집안에 영광이 있다는 사례를 열거하였다.

嘉興包憑 字信之 其父爲池陽太守[1] 生七子 憑最少 贅[2]平湖袁氏 與吾父往來甚厚 博學高才 累擧不第 留心二氏之學[3] 一

日東遊泖湖 偶至一村寺中 見觀音像淋漓⁴⁾露立 卽解橐中得
十金 呼主僧授之 令修屋宇 僧告以功大銀少 不能竣事⁵⁾ 復取
松布⁶⁾四匹 撿篋中衣七件與之 內紵褶係新製 其僕請已之 憑曰
但得菩薩無恙 吾雖裸裎⁷⁾何傷 僧垂淚曰 捨銀及衣布 猶非難事
只此一點心 如何易得 後完工 拉老父同遊 宿寺中 公夢伽藍神⁸⁾
謝曰 汝子孫當享世祿矣 後子汴孫檉芳 皆登第作顯官

1) 池陽太守(지양태수) : 지양 땅의 군수.
2) 贅(췌) : 데릴사위가 되다.
3) 二氏之學(이씨지학) : 도교(道敎)와 불교(佛敎)를 말한다.
4) 淋漓(임리) : 축축하게 젖어 있는 모양.
5) 竣事(준사) : 일을 마치다. 공사를 마치다.
6) 松布(송포) : 베의 이름. 어떤 베인지 자세하지 않다.
7) 裸裎(나정) : 벌거벗다.
8) 伽藍神(가람신) : 절의 수호신.

카. 죽을 죄인을 살려낸 지립(支立)의 아버지

가선(嘉善) 땅에 사는 지립(支立)의 아버지가 교도관으로 근무하던 때였다.

이때 죄를 짓지 않았는데도 억울하게 누명을 쓰고 중형을 받은 죄수가 있었다. 지씨가 마음으로 불쌍히 여기고 그의 생명을 구하려고 했다.

죄수가 그의 아내에게 말했다.

"지선생의 아름다운 뜻에 보답할 수 없어서 부끄럽소 내일 그분을 맞이하여 고향에 내려가 당신은 몸으로 그분을 섬기시오. 그분이 혹 이 뜻을 받아들인다면 나는 살 수 있소"

죄수의 아내는 울면서 남편의 명령을 들었다.

지씨가 집에 이르렀는데 죄수의 아내가 스스로 나아가 술을 권하며 남편의 뜻을 알려 주었다.

지씨는 그의 말을 듣지 않고 마침내 힘을 다하여 죄수의 억울한 사건을 바로잡았다.

죄수가 감옥에서 나와 아내를 대동하고 지씨의 집에 가서 머리를 조아리고 사례하며 말했다.

"선생님께서 이같이 후덕하신데 만년이 되도록 자녀가 드물고 지금은 아들도 없습니다. 저에게 연약한 딸이 있는데 선생님께 보내겠으니 키질하고 비질하는 첩으로 삼으십시오. 이것은 이치상으로도 통할 수 있는 것입니다."

지씨는 드디어 예를 갖추어 그 사람의 딸을 맞이하였고 아들 지립을 낳았다.

지립은 스무살 안팎의 나이에 과거에 수석 합격하고 벼슬이 한림공목(翰林孔目)에 이르렀다.

지립은 지고(支高)를 낳고, 지고는 지록(支祿)을 낳았는데다 공생(貢生)으로 주현(州縣)의 학교 교사가 되었다.

지록은 지대륜(支大綸)을 낳았는데 과거에 합격했다.

▨지립이 시행한 한 가지 좋은 일로 인과(因果)를 얻은 당대의 응보를 기록한 것이다.

많은 공덕을 쌓으면 많이 쌓은 만큼의 인과를 받고 한 가지 좋은 일을 하면 한 가지의 인과를 받는 일을 기록한 것이다.

嘉善支立之父爲刑房吏[1] 有囚無辜陷重辟[2] 意哀之 欲求其生

囚語其妻曰 支公嘉意 愧無以報 明日延之下鄕 汝以身事之 彼
或肯用意 則我可生也 其妻泣而聽命 及支至家 妻自出勸酒 具
告以夫意 支不聽 卒爲盡力平反之 囚出獄 夫妻登門叩謝曰 公
如此厚德 晩世所稀 今無子 吾有弱女[3] 送爲箕箒妾[4] 此則理之
可通者 支爲備禮而納之 生立 弱冠中魁[5] 官至翰林孔目[6] 立生
高 高生祿 皆貢爲學博[7] 祿生大綸 登第

1) 刑房吏(형방리): 형조에 근무하는 말단관리. 지금의 교도관.
2) 重辟(중벽): 무거운 죄. 곧 사형에 가까운 죄.
3) 弱女(약녀): 연약한 딸. 곧 겸손하게 이르는 말.
4) 箕箒妾(기추첩): 처첩(妻妾)이 되어 남편을 섬기는 것을 이르는 말.
5) 弱冠中魁(약관중괴): 젊은 나이에 으뜸이 되다. 곧 시험에 합격하다.
6) 翰林孔目(한림공목): 벼슬이름. 한림원에 소속되어 문서를 맡은 관리.
7) 學博(학박): 주현(州縣)의 학교 교사가 되다.

타. 실증적인 것 10가지는 착한 것에 귀결된다

무릇 실증한 이 10가지 조목은 행한 것이 동일하지 않지만 모두 함께 착한 것으로 귀결된다.

진실로 좋은 일을 많이 하는 사람들의 모범이다.

그러나 착한 일을 행하고 남이 알아주기를 구하지 않아야 바야흐로 음덕이라고 이르는 것이다. 착한 일을 행하고 날로 모자라는 듯이 해야 바야흐로 '덕을 쌓는 것'이라고 이르는 것이다.

모름지기 시시각각으로 스스로의 마음을 점검해야 한다.

마땅히 참되어야 하고 거짓되지 말아야 한다.

이 이치를 변별하여 연구하며 옳은 일에 힘쓰고 그릇된 일을 없앤다면, 죄를 없애고 복을 받는 것이 이보다 중요한 것이 없을 것이다.

재물이 있고 세력이 있는 자는 복된 일을 행하는 것이 쉽다.

이 쉬운 데도 행하지 않는다면 이는 스스로를 난폭하게 하는 것이다. 쉬워서 더욱더 행하면 이는 금상첨화격(錦上添花格)이다.

빈천한 사람은 그가 복된 일을 하기가 어렵다. 그러나 어렵다고 행하지 않으면 이는 스스로를 버리는 것이다.

어렵지만 행하려 한다면 이는 하나로써 백을 당해내는 것이다. 또 반드시 노력해서 착한 일을 행하고, 착한 일을 행하는 상태를 멈추지 않는다면 이것 또한 가히 귀할 수 있는 것이다.

▨생활이 어렵다고 좋은 일을 하지 않는다면 그의 집안은 대대로 쇠락할 것이요, 재물이 많은대도 좋은 공덕을 쌓지 않는다면 자손대대로 불행이 닥칠 것이다.

없으면 없는대로 있으면 있는대로 공덕을 쌓는 것은 자신을 위해서나 자손을 위해서나 아주 중요한 것이다.

凡此十條[1] 所行不同 同歸于善 誠積善者之楷模[2]也 然爲善不求人知 方謂陰德 爲善日若不足 方謂積德 須刻刻[3]點撿自心 宜眞而勿假 辨硏此理 務是而無非 滅罪受福 莫重於此 故有財有勢者 其作福易 易而不爲 是自暴也 易而愈爲 是錦添花[4]也 貧賤者 其作福難 難而不爲 是自棄也 難而肯爲 是一當百也 又必努力爲善 而不住爲善之相 斯可貴耳

1) 十條(십조) : 앞에서 10명의 행동한 것의 10가지.

2) 楷模(해모) : 모범적인 것. 곧 모범적인 행동.
3) 刻刻(각각) : 시간시간.
4) 錦添花(금첨화) : 금상첨화(錦上添花)의 준말. 아름다운 데 아름다운 것을 더하다.

2. 인연을 따라 대중을 구제하는 것

가. 그 10가지의 내용

 인연(因緣)을 따라 대중을 구제하는 것은 그 종류가 지극히 번거롭다. 간략하게 그 요강을 말한다면 대략 10가지가 있다.
 첫째는 남과 함께 착한 일을 행하는 것이다.
 둘째는 사랑하고 공경하는 마음을 보존하는 것이다.
 셋째는 남의 아름다운 것을 이루어주는 것이다.
 넷째는 남에게 착한 일을 행하도록 권하는 것이다.
 다섯째는 남의 위급한 것을 구제해 주는 것이다.
 여섯째는 남들을 위하여 큰 이익을 세우는 것이다.
 일곱째는 재물을 베풀어 복된 일을 하는 것이다.
 여덟째는 정법(正法)을 지키고 보호하는 것이다.
 아홉째는 높은 사람과 어른을 공경하고 존중하는 것이다.
 열째는 사물의 생명을 사랑하고 아끼는 것이다.
 ▨민중을 구제하고 제도한다는 것은 간단한 것이 아니다. 또 민중을 구제하는 일은 다양하고 그 실천방법도 무수히 많다. 무수히 많은 일 가운데 대략 10가지를 열거한 것이다.

첫째 '남과 함께 착한 일을 행하는 것'은 보통 쉬운 것 같이 보이지만 남과 함께 한다는 것은 여간 어려운 일이 아니다.

둘째 '사랑하고 공경하는 마음을 보존하는 것'은 사람은 사랑하기는 쉽지만 공경하기는 어렵고 공경하기는 쉬우나 사랑하기까지는 쉽지 않은데 이러한 마음을 끝까지 보존하기는 더더욱 어려운 것이다.

셋째 '남의 아름다운 것을 이루어주는 것'은 사람들은 시기가 많고 욕심이 많아서 남을 해코자 하고 훼방을 놓으려는 마음이 있기 때문에 남의 것을 이루어주려는 마음은 항상 적은 것이다.

넷째 '남에게 착한 일을 행하도록 권하는 것'은 자신도 잘못하면서 남에게까지 좋은 일을 권한다는 것은 잘못하면 면박당하기 십상이다. 본인도 행하지 못하면서 남의 일에나 참견한다는 소리를 듣기 때문이다.

다섯째는 '남의 위급한 것을 구제해 주는 것'은 시대가 어려우면 혹 자신에게 피해가 오지 않을까 하여 다 기피하는 일들이다.

여섯째 '남을 위하여 큰 이익을 세우는 것'은 곧 대중이 이용하는 다리를 놓는다거나 많은 사람이 유용하게 쓸 수 있는 것을 만들어 주는 것으로 이러한 일도 보통 사람으로서는 쉬운 일이 아니다.

일곱째 '재물을 베풀어 복된 일을 하는 것'은 자신의 재산으로 사회사업을 하는 일이나 재산을 희사하여 대중구제사업을 하는 일이다.

여덟째 '정법(正法)을 지키고 보호하는 것'은 불법(佛法)을 수호하고 사회의 법질서를 수호하며 사회정의를 실현하는 것이다.

아홉째 '높은 사람과 어른을 공경하고 존중하는 것'은 지위높은 분을 존중하고 어른을 공경하며 예의에 어긋나는 행동을 자제하는 것이다.

열째 '사물의 생명을 사랑하고 아끼는 것'은 지구상의 모든 생명체의 실체를 인정하고 그 생명체의 목숨을 함부로 하지 않고 아끼고 사랑하는 것이다.

이상과 같은 10가지가 시행되면 사회정의가 실현되고 자연적으로 정법(正法)이 지켜져서 사회가 정화되고 명랑사회가 이룩되는 지상의 낙원을 구가할 수 있는 것이다.

隨緣濟衆[1] 其類至繁 約言其綱 大略有十 第一與人爲善 第二愛敬存心 第三成人之美 第四勸人爲善 第五救人危急 第六興建大利 第七捨財作福 第八護持正法[2] 第九敬重尊長 第十愛惜物命[3]

1) 隨緣濟衆(수연제중) : 불교에서는 사람의 인연에 따라서 모든 중생을 구제한다는 것.
2) 正法(정법) : 불교에서는 바른 법문(法門), 또는 바른 교의(敎義)를 뜻한다.
3) 物命(물명) : 사물의 생명.

① 남과 함께 착한 일을 하는 것

무엇을 남과 함께 착한 일을 행한다고 말하는 것인가?

옛날에 순(舜)임금이 황하(黃河)의 물가에 있을 때, 어부들이 모두 고기가 많이 모이는 깊은 연못을 서로 차지하려고 다투어 노약자들은 급류나 얕은 여울에서 고기잡이 하는 것을 보고 그들을 불쌍히 여기며 그곳에 가서 고기를 잡았다.

순임금은 다투는 자들을 보면 다 그들의 잘못을 감춰두고 이야기하지 않았다. 양보하는 자를 보면 그들을 칭찬하고 본받았다.

한 해가 지나자 모든 어부들이 다 깊은 연못을 서로 양보했다. 순임금이 농사짓고 도자기 굽는 일도 다 그러했다.

순임금의 슬기와 밝음으로써 어찌 한 마디 말로 뭇사람들을 가르칠 수 없었겠는가? 말로써 가르치지 않고 몸으로써 직접 백성들을 가르쳐 그들의 행동을 바꾸게 한 것이다.

이것은 훌륭한 기술자가 좋은 물건을 만들기 위해 고심하는 경우와 같다.

우리들은 세상을 살아가는데 있어서 자기의 장점(長點)으로써 남의 단점(短點)을 압도하지 말아야 한다. 자기의 착한 일로써 남의 나쁜 일을 드러내지 말아야 한다. 자기의 많은 재능으로써 남을 곤란하게 하지 말아야 한다.

재주와 슬기를 갈무리하여 그것들이 없는 듯이 비어있는 듯이 해야 한다.

남의 허물을 보면 포용하고 덮어주어야 하나니, 그것은 하나는 남으로 하여금 그 허물을 고칠 수 있게 하는 것이요, 하나는 남으로 하여금 돌아보고 꺼리는 바를 가져 감히 방종하지 않게 하기 위해서이다.

남에게도 내가 취할 만한 미세한 장점이 있는 것이고 작은 착한 일이라도 있으면 기록하여 퍼뜩 자기의 단점을 버리고 남의 장점을 쫓으며, 또 남의 장점과 작은 착한 일을 아름답게 칭찬하고 넓게 서술해야 한다.

무릇 날마다 행하는 일에 있어서 말 한마디를 하고 일 한 가지를 행하는 데에, 모두 자신을 위해서 생각을 일으키지 않고 모두 남들을 위해서 법칙을 세워야 한다.

이것이야말로 대인(大人)이 천하에서 공공적인 일을 행하는

제3장 착한 일을 많이 하라〔積善〕 95

법도인 것이다.

▨ 10가지의 조목중 첫째에 해당하는 '남과 함께 착한 일을 행하는 것'을 당우(唐虞)시대의 성군(聖君)인 순(舜)임금의 행적을 들어서 실증적으로 밝혀주고 있다.

何謂與人爲善 昔舜[1]在河濱 見漁者皆爭取深潭厚澤 而老弱則漁于急流淺灘之中 惻然哀之 往而漁焉 見爭者 皆匿其過而不談 見有讓者 則揄揚而取法之 期年[2]皆以深潭厚澤相讓矣 其耕稼與陶[3]皆然 夫以舜之濬明 豈不能出一言敎衆人哉 乃不以言敎 而以身轉之 此良工苦心也

吾輩處世 勿以己之長而蓋人[4] 勿以己之善而形人[5] 勿以己之多能而困人[6] 收斂才智 若無若虛 見人過失 且涵容而掩覆之 一則令其可改 一則令其有所顧 忌而不敢縱 見人有微長可取 小善可錄 翻然[7]舍己而從之 且爲艷稱而廣述之 凡日用間 發一言 行一事 全不爲自身起念 全是爲物立則[8] 此大人[9]天下爲公之度也

1) 舜(순) : 순임금. 중국 상고(上古)시대의 성군(聖君). 이름은 중화(重華). 요(堯)임금에게서 제위를 물려받아 태평성세를 이룬 군주. 이후 제위를 다시 신하인 우(禹)에게 양위하였다.
2) 期年(기년) : 1년. 한 해.
3) 耕稼與陶(경가여도) : 밭을 갈고 질그릇을 굽는 사람들.
4) 蓋人(개인) : 남을 덮다. 누르다.
5) 形人(형인) : 남에게 드러내다. 과시하다.
6) 困人(곤인) : 남을 곤란스럽게 하다.
7) 翻然(번연) : 갑자기.
8) 立則(입칙) : 법칙을 세우다.

9) 大人(대인) : 큰 덕이 있는 사람. 또는 높은 지위에 있는 사람.

② 사랑하고 공경하는 마음을 보존하는 것

무엇을 사랑하고 공경하는 마음을 보존하는 것이라고 말하는 것인가?

군자(君子)와 소인(小人)은 형적(形迹)상으로 볼 때 절의와 염결(廉潔), 문장과 정사(政事) 따위는, 군자가 능히 할 수 있는 것이고 소인도 또한 능히 할 수가 있어서 늘 서로 섞이기 쉬운 것이다.

오직 한 점의 마음을 보존하는 곳에서는 군자와 소인은 곧 선과 악이 현저하게 단절되어 판연히 흑과 백이 상반(相反)되는 것과 같은 것이다.

그러므로 맹자(孟子)가 말했다.

"군자가 보통 사람과 다른 것은 그 마음의 보존 때문이다."

군자가 보존하는 바의 마음을 인(仁)이라 하고 예(禮)라고 한다.

인과 예는 또 어떤 것인가?

인(仁)이라는 것은 남을 사랑하는 것이요, 예(禮)를 지닌 자는 남을 공경하는 것이다. 이것은 늘 사람을 사랑하고 남을 공경하는 마음을 보존한다는 것을 이르는 것이다.

사람에게는 친한 것과 소원한 것, 귀한 것과 천한 것, 슬기로운 것과 어리석은 것, 현명한 것과 불초(不肖)한 것이 있어 모든 사람의 품성이 가지런하지 않지만 다 나의 동포요, 다 나와 한 몸인 것이다. 누구를 마땅히 공경하지 않으며, 누구를 마땅히 사랑하지 않을 것인가?

제3장 착한 일을 많이 하라〔積善〕 97

대개 뭇사람들을 사랑하고 공경하면 곧 이것은 성현(聖賢)을 사랑하고 공경하는 것이다.

만물을 따르되 어긋남이 없고 뭇사람들의 뜻에 통할 수 있다면 이것은 곧 성현의 뜻과 통하는 것이다.

무엇이 성현의 뜻인가? 본래 이 세상의 이 백성들이 각자 그 올바른 곳을 얻기를 바라는 것이 성현의 뜻이다.

내가 사랑에 부합하고 공경에 부합하여 한 세상의 사람들을 편안하게 해준다면, 이는 곧 내가 성현이 되어 사람들은 편안하게 해주는 것이다.

하물며 옛 성현이 사람과 만물로 인하여 자비를 일으키고, 자비로 인하여 정각(正覺)을 이룸에 있어서랴!

『대학(大學)』의 첫째 명제는 '천하에 밝은 덕을 밝히는 것'이다.

천하를 버리면 내가 또한 덕을 밝힐 곳이 없는 것이다.

▨둘째의 '사랑하고 공경하는 마음을 보존하는 것'의 세부 실천사항을 기록하여 그 실례들을 나열하여 구체적으로 표현하였다.

何謂愛敬存心 君子與小人[1] 就形迹上觀 節義廉潔 文章政事之類 君子能之 小人亦或能之 常易相混 惟一點存心處 則善惡懸絶 判然[2] 口黑白之相反 故孟子[3]曰 君子所以異於人者 以其存心也 君子所存之心 曰仁曰禮 仁禮又是何物 仁者愛人 有禮者敬人 謂常存愛人敬人之心耳

人有親疏有貴賤 有智愚賢不肖 萬品[4]不齊 皆吾同胞 皆吾一體 孰非當敬當愛者 蓋愛敬衆人 卽是愛敬聖賢 狗物無違 而通衆人之志 卽是通聖賢之志 何者聖賢之志 本欲斯世斯民 各得

其所 吾合愛合敬 而安一世之人 是卽爲聖賢而安之也 況古之
聖賢 因人物而起慈悲 因慈悲而成正覺 大學5)一明明德6)于天下
舍天下則吾亦無明德處矣

1) 君子與小人(군자여소인) : 군자와 소인. 군자는 도덕을 갖춘 사람. 소
   인은 간사하고 도량이 작은 사람. 곧 덕이 없는 사람.
2) 判然(판연) : 아주 환하게. 확연히.
3) 孟子(맹자) : 『맹자』이루편(離婁篇)의 문장 일부.
4) 萬品(만품) : 만가지의 품성.
5) 大學(대학) : 저서의 이름. 『대학』은 증자(曾子)가 지었다고 하였다.
   원래 『대학』은 『예기』에 있는 한 편의 글이다.
6) 明明德(명명덕) : 밝은 덕을 밝히다. 『대학』의 첫째경문(經文)이다.

③ 남의 아름다운 것을 이루어주는 것

무엇을 남의 아름다운 것을 이루어주는 것이라고 말하는 것인가?

옥이 돌에 있을 때는 그것을 던져버리면 자갈이 되지만 쪼아서 다듬으면 규(圭)와 장(璋)으로 쓸 수 있다.

그러므로 무릇 남이 한 가지 착한 일을 행하는 것을 보고, 혹 그 사람의 뜻이 취할 만하고 그 사람의 자질이 진보시킬 만 하면, 모름지기 다 유도하고 도와서 그 착한 일을 성취시켜야 한다.

혹은 장려하고 도와주며, 혹은 지탱시켜 주며, 혹은 그 사람에 대한 거짓을 밝히고 그 사람에 대한 비방을 분석하여, 힘써 그 사람으로 하여금 성공하게 한 뒤에야 그 사람에 대한 지원을 그쳐야 한다.

대체로 사람은 각자 자기와 다른 종류의 사람을 싫어하는 것이다.

고을 사람으로 착한 사람은 적고 착하지 않은 사람은 많으므로 한 가지 착한 일을 보면 다투어서 비난하고 함께 그 일을 헐뜯는다. 착한 사람이 세속에 있으면 또한 자립(自立)하기가 어렵다.

또 호걸들이 쟁쟁하더라도 옛 사람들이 남긴 흔적을 따르지 않고 결점을 지적하는 것도 건성건성으로 한다.

그러므로 착한 일은 늘 실패하기 쉽고 착한 사람은 늘 비방을 받고 항상 스스로 착한 일을 완성할 수 없는 것이다.

오직 인자한 사람과 덕이 높은 사람만이 바로잡아 곧게 하고 보충하여 도울 수 있는 것이다.

한 고을에 있으면서는 한 고을의 원기(元氣)를 되돌아올 수 있게 하고, 한 나라에 있어서는 한 나라의 명맥(命脈 : 운수)을 북돋을 수 있으면 그 공덕이 가장 큰 것이다.

▨셋째 '남의 아름다운 것을 이루어주는 것'의 구체적인 내용을 설명하고 그것의 실체적인 사례들을 열거하고 있다.

何謂成人之美 玉之在石 抵擲[1]則瓦礫[2] 追琢[3]則圭璋[4] 故凡見人行一善事 或其人志可取而資可進 皆須誘掖而成就之 或爲之獎借[5] 或爲之維持 或爲白其誣而分其謗 務使之成立而後已 大抵人各惡其非類 鄕人之善者少 不善者多 故見一善事 爭非而共毁之 善人在俗 亦難自立 且豪傑錚錚[6] 不甚修形迹[7] 多易[8]指摘 故善事常易敗 而善人常得謗 常不能自完 惟仁人長者[9] 能匡直而輔翼之 在一鄕可以回一鄕之元氣[10] 在一國可以培一國之命

脉 其功德最大

1) 抵擲(저척) : 던지다. 버리다.
2) 瓦礫(와력) : 기와나 조약돌.
3) 追琢(퇴탁) : 갈아서 닦다. 갈고 닦다.
4) 圭璋(규장) : 예식 때 장식으로 쓰이는 옥(玉)들.
5) 奬借(장차) : 장려하고 돕다.
6) 錚錚(쟁쟁) : 인물이 뛰어난 모양.
7) 形迹(형적) : 뒤에 남은 흔적. 모습.
8) 多易(다이) : 데면데면하게 하다.
9) 仁人長者(인인장자) : 인인은 어진 사람. 장자는 덕이 높은 사람. 또는 존장.
10) 元氣(원기) : 만물의 정기(精氣).

④ 남에게 착한 일을 행하도록 권하는 것

무엇을 남에게 착한 일을 행하도록 권하는 것이라고 말하는 것인가?

살아가는 사람의 종류가 되어서 어느 누가 양심이 없다고 할 것인가? 세상의 길이 하도 고달퍼서 가장 쉽게 나쁜 일에 빠지는 것이다.

무릇 남과 더불어 살면 마땅히 방편으로 남을 이끌어주고 그의 미혹한 것을 열어서 일깨워 주어야 한다.

비유컨대 긴 밤 동안 큰 꿈을 꾸는 사람에게 한 번 꿈을 깨게 하는 것과 같고, 비유컨대 오랫동안 번뇌에 빠져있는 사람에게 번뇌를 헤쳐 시원하게 하는 것과 같은 것으로 은혜되는 것이 가장 넓은 것이다.

한유(韓愈)가 말했다.

"일시적으로는 사람이 입으로 권하는 것이요, 100세대 동안은 사람이 글로써 권하는 것이다."

이것은 남과 더불어 착한 일을 하는 것과 비교하면, 비록 겉모습만 따르는 것이 있을 뿐이라도 병세를 보고 약을 쓰듯이 때로는 기이한 효험이 있으니 폐지하지 않는 것이다.

말을 잘못하여 인심을 잃는 것도 마땅히 자신의 지혜를 돌이켜야 하는 것이다.

▨넷째 '남에게 착한 일을 행하도록 권하는 것'의 세부적인 사항을 설명하고 그에 따르는 방법으로 한퇴지(韓退之)의 말을 빌어서 자세히 설명하였다.

何謂勸人爲善 生人[1]爲類 孰無良心[2] 世路役役[3] 最易沒溺 凡與人相處 當方便提撕[4] 開其迷惑 譬猶長夜大夢 而令之一覺 譬猶久陷煩惱 而披之淸涼 爲惠最普 韓愈[5]云 一時勸人以口 百世勸人以書 較之與人爲善 雖有形迹 然對症發藥 時有奇効 不可廢也 失言失人[6] 當反吾智

1) 生人(생인) : 이 세상에 살아가는 사람. 살아있는 사람.
2) 良心(양심) : 인간에게 내재되어 있는 선량한 마음.
3) 役役(역역) : 노력하고 쉬지 못하는 모양.
4) 提撕(제사) : 이끌다.
5) 韓愈(한유) : 당(唐)나라 때 대문장가. 자(字)는 퇴지(退之)이며 시호는 문공(文公). 등주 남양사람. 당송(唐宋)의 팔대가(八大家)의 한 사람. 『한창려집(韓昌黎集)』50권이 있다.
6) 失言失人(실언실인) : 말의 실수로 인심을 잃다.

⑤ 남의 위급한 것을 구제하는 것

무엇을 가지고 남의 위급한 것을 구제하는 것이라고 말하는 것인가?

사람에게는 근심이나 어려운 일과 엎어지고 자빠지는 곤란한 일들이 때로는 일어나는데, 남이 우연히 한번 그러한 일들을 만나면 마땅히 아픈 병이 자기 몸에 있는 것처럼 빨리 풀어서 구제해야 한다.

혹은 한 마디 말로써 그 억울한 것을 펴거나, 혹은 여러 방면으로 그 엎어지고 자빠지는 곤란한 것을 구제해야 한다.

최자(崔子)가 말하였다.

"은혜라는 것은 큰 것에 있는 것이 아니라 남이 급할 때 달려가 그 급한 것을 구제해 주면 된다."

이 말은 대개 인자한 사람의 말인 것이다.

▨다섯째 '남의 위급한 것을 구제하는 것'의 구체적인 사례를 설명하고 구제하는 방법이 무엇인가도 제시한 것이다.

何謂救人危急 患難顚沛[1] 人所時有 偶一遇之 當如痌瘝[2]之在躬 速爲解救 或以一言伸其屈抑 或以多方濟其顚連[3] 崔子[4]曰 惠不在大 赴人之急可也 蓋仁人之言哉

1) 顚沛(전패) : 엎어지고 자빠지다.
2) 痌瘝(통관) : 아픈 병.
3) 顚連(전련) : 전패(顚沛)와 같다.
4) 崔子(최자) : 어떤 사람인지 자세하지 않다.

⑥ 큰 이익을 세우는 것

무엇을 큰 이익을 세운다고 말하는 것인가?

작게는 한 고을 안쪽에서, 크게는 큰 고을과 온 천하 속에서, 무릇 자기가 남들을 위하여 만들 수 있는 이익이 있다면, 가장 많은 이익을 일으켜 세워야 한다.

혹은 도랑을 개통하여 물을 끌어들이거나, 혹은 제방을 쌓아 물이 범람하여 사람들이 근심하는 것을 막거나, 혹은 다리와 도로를 수리하여 여행자들이 편리하게 하거나, 혹은 차와 밥을 베풀어 굶주리고 목마른 사람들을 구제하는 데는 인연따라 사람들에게 권장하며 인도하고 사람들과 협력하여 일으켜 세워야 한다.

사람들에게 혐의받는다고 이러한 일들을 피하지 말아야 하고, 수고스럽고 사람들에게 원망받는다고 이러한 일들을 사양치 말아야 한다.

▨여섯째 '큰 이익을 세우는 것'의 구체적인 사례를 설명하고 그 일의 시행과 방법들을 제시하고 있다.

何謂興建大利[1] 小而一鄕之內 大而一邑九州[2]之中 凡有利益所得爲者 最宜興建 或開渠導水[3] 或築隄防患 或修橋路 以便行旅 或施茶飯以濟饑渴 隨緣勸導 協力興修 勿避嫌疑 勿辭勞怨[4]

1) 大利(대리) : 커다란 이익. 모든 사람에게 도움이 되는 것.
2) 九州(구주) : 옛날 우(禹)임금이 중국을 아홉 개의 행정 구획으로 나누었는데 이것을 구주라고 하였다. 천하 또는 전 중국을 말한다. 『서경(書

經)』우공(禹貢)에서는 기(冀)·연(兗)·청(靑)·서(徐)·양(揚)·형(荊)·예(豫)·양(梁)·옹(雍)의 아홉 주를 가리킨다.
3) 導水(도수) : 수도를 개척하여 물길을 내주다.
4) 勞怨(노원) : 수고스럽고 원망을 받는 것.

⑦ 재물을 베풀어 복된 일을 하는 것

무엇을 재물을 베풀어 복된 일을 한다고 말하는 것인가?

불교에서는 모든 행위 가운데 보시를 가장 우선으로 친다. 이른바 보시란 다만 '베푼다'는 한 마디 말일 따름이다.

달인(達人)은 안으로는 육근(六根)을 버리고 바깥으로는 육진(六塵)을 버리며, 일체의 서로 만나는 연분과 모든 공덕을 버리지 않는 것이 없다.

만약 달인처럼 그렇게 할 수 없다면, 먼저 재물부터 보시해야 한다. 세상 사람들은 의식(衣食)을 목숨처럼 여긴다. 그래서 재물을 가장 중요시한다.

내가 달인을 따라서 베풀면 안으로는 나의 탐욕을 깨고 바깥으로는 남의 위급한 것을 구제할 수 있다.

처음에는 억지로 그렇게 할지라도 끝에 가서는 태연해지게 된다.

이것이 사사로운 정을 깨끗하게 씻고 사람이 집착하는 인색한 것을 없애는 가장 좋은 방법이다.

▨일곱째 '재물을 베풀어 복된 일을 하는 것'의 방법을 제시하고 그 시행하는 사례도 열거하고 있다.

何謂捨財¹⁾作福 釋門²⁾萬行 以布施爲先 所謂布施者 只是捨之

一字耳 達者內捨六根³⁾ 外捨六塵⁴⁾ 一切緣會 一切功德 無不捨者 苟未能然 先從財上布施 世人以衣食爲命 故財爲最重 吾從而捨之 內以破吾之慳⁵⁾ 外以濟人之急 始而强勉 終則泰然 最可以蕩滌私情⁶⁾ 祛除⁷⁾執吝

1) 捨財(사재) : 재물을 베풀다.
2) 釋門(석문) : 불교.
3) 六根(육근) : 눈, 귀, 코, 혀, 몸, 뜻 등의 탐욕을 부를 수 있는 여섯 뿌리를 말한다. 눈은 보는 뿌리, 귀는 듣는 뿌리, 코는 냄새맡는 뿌리, 혀는 맛보는 뿌리, 몸은 접촉하는 뿌리, 뜻은 염려하는 뿌리이다.
4) 六塵(육진) : 육근과 서로 이어져 깨끗한 마음을 물들이고 더럽혀 번뇌를 일으키는 것. 색(色), 성(聲), 향(香), 미(味), 촉(觸), 법(法).
5) 慳(간) : 아끼다. 욕심을 내다.
6) 私情(사정) : 사사로운 정. 개개인의 정.
7) 祛除(거제) : 없애다. 물리치다.

⑧ 정법(正法)을 지키고 보호하는 것

무엇을 정법을 지키고 보호하는 것이라고 말하는 것인가?

법(法)이라는 것은 모든 시대의 살아있는 백성들의 눈이다. 정법이 있지 않으면 무엇으로써 천지에 참여하여 돕고, 무엇으로써 만물을 잘 재단하여 만들고, 무엇으로써 먼지 많은 세상에서 벗어날 것이며 속박에서 해방되며, 무엇으로써 이 세상을 경영할 것인가?

그러므로 무릇 성현의 사당과 상(像) 및 경서와 서적들을 보면, 다 마땅히 공경하고 존중하며 수식해야 한다.

정법을 드러내는 데 이르러서는 위로는 하늘의 은혜에 보답하는데 더욱 마땅히 힘써야 할 것이다.
　▨여덟째 '정법(正法)을 지키고 보호하는 것'의 해설을 곁들이고 그것을 지키면 어떠한 보답이 있는 것인가도 설명하고 있다.

　何謂護持正法 法者萬世生靈[1]之眼目也 不有正法 何以參贊天地 何以財成[2]萬物 何以脫塵解縛 何以經世[3] 故凡見聖賢廟貌[4] 經書典籍 皆當敬重而修飾之 至於擧揚正法 上報天恩 尤宜勉勵

1) 生靈(생령) : 살아있는 백성.
2) 財成(재성) : 잘 재단하여 만들다.
3) 經世(경세) : 세상을 경영하다. 곧 세상을 다스리다.
4) 廟貌(묘모) : 사당. 종묘 사당에 들어가면 반드시 선조의 모습을 상상하여 추모하기 때문에 묘모라고 한다.

⑨ 높은 사람과 어른을 공경하고 존중하는 것

　무엇을 높은 사람과 어른을 공경하고 존중하는 것이라고 말하는 것인가?
　집안의 아버지와 형이나 나라의 임금이나 높은 사람과 무릇 나이가 많고 덕이 높고 지위가 높고 앎이 많은 사람은 다 마땅히 뜻을 더하여 받들어야 한다.
　집에서 부모를 모실 때, 깊게 사랑하고 얼굴빛을 유순하게 하고 목소리를 부드럽게 하며 기운을 낮추어야 하니 이런 습관들을 성품으로 완성시켜야 한다.
　바로 이것이 조화로운 기운으로써 하늘을 감동시키는 근본이다.

집을 나가서 임금을 섬길 때에는 한 가지 일을 행할 때 임금은 모르는 일이라 생각하며 제멋대로 하지 말아야 한다.

한 사람에게 형벌을 줄 때 임금은 보지 않는다라고 생각하고 위세를 부리지 말아야 한다.

임금 섬기기를 하늘처럼 섬기라는 것이 옛 사람들의 훌륭한 말이다. 이런 점들은 음덕과 가장 관계가 있다.

시험삼아 충성하고 효도하는 집안을 보면, 자손들이 오래도록 창성하지 않는 집안이 없다. 절실하게 모름지기 행동을 삼가해야 한다.

▨아홉째 '높은 사람과 어른을 공경하고 존중하는 것'이 무엇인가를 설명하고 어른을 공경하고 높은 사람을 존경함으로써 그에 따라 수반되는 공덕도 설명하고 있다.

何謂敬重尊長 家之父兄 國之君長 與凡年高德高 位高識高[1] 者 皆當加意奉持 在家侍父母 使深愛婉容 柔聲下氣 習以性成 便是和氣格[2]天之本 出而事君 行一事 毋謂君不知而自恣也 刑一人 毋謂君不見而作威也 事君如天 古人格論[3] 此等處 最關陰德 試看忠孝之家 子孫未有不綿遠[4]而昌盛者 切須愼之

1) 識高(식고) : 견식이 높다. 많이 알다의 뜻.
2) 格(격) : 이르다. 감동시키다.
3) 格論(격론) : 격언. 교훈의 뜻.
4) 綿遠(면원) : 오래도록 이어가다.

⑩ 사물의 생명을 사랑하고 아끼는 것

무엇을 사물의 생명을 사랑하고 아끼는 것이라고 말하는 것인가?

　무릇 사람이 사람된 까닭은 오직 이 측은히 여기는 마음이 있기 때문이다. 인자한 것을 구하는 이는 이것을 구하고 덕을 쌓는 이는 이것을 쌓는다.

　『주례(周禮)』에 말했다.

　"음력 정월에는 제사지낼 짐승으로 암컷을 쓰지 않는다."

　『맹자』는 이렇게 말했다.

　"군자는 푸줏간을 멀리한다."

　이것은 나의 측은히 여기는 마음을 온전히 하려는 까닭이다.

　그러므로 선배들에게는 4가지 먹지 않고 경계하는 것이 있었다.

　죽일 때 우는 소리를 들으면 그 고기를 먹지 않았고, 죽이는 것을 직접 보면 그 고기를 먹지 않았고, 스스로 기른 것은 잡아먹지 않았고, 오로지 나만을 위해서 도살한 것도 그 고기를 먹지 않았다.

　배우는 자가 고기 먹는 것을 끊을 수 없으나 또한 마땅히 이 4가지의 경우를 쫓아 경계하면 점점 정진할 수 있다.

　자비심도 더욱 길러지고 모범적인 것을 보여 주는 것이 더욱 고르게 된다.

　특별히 이것만은 아니다.

　꿈틀거리는 모든 물체들도 다 정령을 함유하고 있는데 다 이것은 사물의 생명체이다.

　실을 구하려면 고치를 삶게 되고 땅을 파자면 벌레를 죽이게 된다.

　음식의 유래를 생각해 보면 다 저것을 죽여서 스스로를 살리는 것이다. 손이 그릇되게 손상시키고 발이 그릇되게 밟는 데 이르러도 그 기미를 알지 못한다. 다 마땅히 위곡(委曲)된 그런 잘못들을 막아야 한다.

또 죽이는 것을 경계하는 것이나 방생(放生)하는 것은 서로 겉과 속이라는 관계에 있다.

개미를 구제해 주고는 과거시험에서 장원이 되었고, 사슴새끼를 놓아 주고는 재상이 되었으며, 참새를 구제해 주고는 태사(太師)·태부(太傅)·태보(太保) 등 가장 높은 세 벼슬을 역임하였고, 거북을 방생해 주고는 제후가 된 일들은, 모두가 다 은(殷)나라의 탕왕(湯王)이 사냥에서 그물을 풀어준 것과 같은 것으로 똑같이 한 가지 인자한 마음 때문에 그렇게 된 것이다.

어찌 탐욕스럽게 먹으며 제멋대로 할 수 있겠는가?

착한 일은 무궁무진하여 다 서술할 수가 없다.

이상의 10가지 일로 말미암아 널리 추진해 나간다면 모든 덕을 다 갖출 수 있을 것이다.

▨열번째 '사물의 생명을 사랑하는 것'에서 어떻게 하는 것이 사물의 생명을 사랑하는 것인가를 밝히고 사물의 생명을 사랑함으로써 얻어지는 혜택도 설명하였다.

何謂愛惜物命 凡人之所以爲人者 惟此惻隱之心[1]而已 求仁者求此 積德者積此 周禮[2] 孟春之月 犧牲[3]毋用牝 孟子[4]謂 君子遠庖廚[5] 所以全吾惻隱之心也 故前輩[6]有四不食之戒 謂聞殺不食 見殺不食 自養者不食 專爲我殺者不食 學者未能斷肉 且當從此戒之 漸漸精進 慈心愈長 防範[7]愈周 不特此也 蠢動含

靈[8] 皆爲物命 求絲煮繭 掘地殺蟲 念食之由來 皆殺彼以自活 至于手所悞傷 足所悞踐者 不知其幾 皆當委曲防之 又戒殺與放生相表裏 救蟻中元[9] 放麑作相[10] 救雀三公[11] 放龜列侯[12] 皆與成湯解網[13] 同一仁心 豈可以饕餮[14]自恣哉 善行無窮 不能殫述[15] 由此十事而廣推之 則萬德可備矣

1) 惻隱之心(측은지심) : 가엾게 여기는 마음. 동정심. 곧 인(仁)의 마음.
2) 周禮(주례) : 책 이름. 24권으로 되어 있다. 주관(周官)이라고도 한다. 주(周)나라의 주공단(周公旦)이 지었다고 전한다. 천지(天地)와 춘하추동(春夏秋冬)에 상징하여 천관(天官), 지관(地官), 춘관(春官), 하관(夏官), 추관(秋官), 동관(冬官)의 육관(六官)으로 나누어 이에 속하는 직책의 직분을 자세히 기록하였다.
3) 犧牲(희생) : 천지(天地), 종묘(宗廟)의 제사 때 제물로 쓰는 짐승.
4) 孟子(맹자) : 『맹자』양혜왕(梁惠王)편에 나오는 말.
5) 庖廚(포주) : 지금의 주방. 옛날의 부엌. 푸줏간.
6) 前輩(전배) : 앞서간 선배들.
7) 防範(방범) : 모범적인 것을 지키다.
8) 蠢動含靈(준동함령) : 꿈틀거리는 모든 생명체는 다 영(靈)을 가지고 있다. 곧 모든 자연계의 생명체는 모두 신령이 있다는 뜻.
9) 救蟻中元(구의중원) : 물에 빠진 개미를 구해주고 과거에 급제한 고사가 있다.
10) 放麑作相(방예작상) : 사슴새끼를 놓아주고 정승이 되다. 『한비자』하권의 세림(說林) 상편에 나오는 맹손(孟孫)의 이야기이다.
11) 救雀三公(구작삼공) : 참새를 구해주고 삼공(三公)이 되다. 삼공은 태사(太師), 태부(太傅), 태보(太保)를 일컫는다. 후한(後漢) 때는 태위(太尉), 사도(司徒), 사공(司空)을 이른다. 참새를 구해준 이야기는

제3장 착한 일을 많이 하라〔積善〕 111

『후한서(後漢書)』양진(楊震)전의 주석 속제해기(續齊諧記)를 인용한 것이다. '보(寶)의 나이 9세 때 화음산(華陰山) 북쪽에 이르렀는데 한 마리 참새를 올빼미가 낚아채가다가 나무 아래로 떨어뜨려 개미들의 밥이 되려는데 보가 얻어서 집으로 돌아와 상자 속에 넣어 노란꽃을 먹인 백여일만에 털과 깃이 나서 날아갔다. 그날밤 꿈에 황의동자(黃衣童子)가 나타나〈나는 서왕모(西王母)의 사자였는데 그대의 보살핌으로 살아났다. 그대에게 보답으로 흰 고리 4개를 주겠다. 그대의 자손이 청백으로 지위가 삼공에 이르러 이 고리와 같아질 것이다.〉라고 했다.'

12) 放龜列侯(방구열후) : 거북을 놓아주고 열(列)이 제후가 되었다의 뜻. 진(晉)나라시대 공유(孔愉)의 자는 경강(敬康)인데 공유의 이야기이다. 『진서(晉書)』열전에는 이름을 열(列)이라고 하였는데 그의 일화가 실려 있다. '공유가 일찍이 여부정(余不亭)을 지나는데 거북을 길러서 대그릇에 가두어 놓은 것을 보고 공유가 그것을 사서 개울에 넣어주었다. 거북이 헤엄쳐 가면서 왼쪽으로 돌아보기를 4번이나 했다. 이때에 제후의 인(印)을 주조했었다. 도장의 거북장식이 왼쪽을 돌아보았다. 3번을 만들었으나 처음과 똑같았다. 주조공이 이 사실을 아뢰니 공유가 그때 깨닫고 드디어 그것을 차고 다녔다.'

13) 成湯解網(성탕해망) : 탕(湯)임금이 그물에 걸린 짐승들을 놓아주다의 뜻. 『사기』은(殷)나라 본기(本紀)에 '탕임금이 밖에 나갔는데 들에 그물을 사방으로 쳐놓고 빌기를〈천지 사방이 다 나의 그물로 들어오라〉고 하는 것을 보고 탕임금이 한탄하였다. 이에 그 3면을 없애고 빌어 말하기를〈왼쪽은 왼쪽으로 하고 오른쪽은 오른쪽으로 하라. 내 명을 듣지 않는 것만 나의 그물로 들어오라〉고 하였다. 천하 제후들이 이 말을 듣고 말하기를〈탕임금의 덕이 지극하다. 덕이 새와 짐승에게까지 미쳤구나〉라고 했다.'고 적혀있다. 탕임금의 이름은 이(履)이며,

하(夏)나라의 걸(桀)왕을 치고 은(殷)나라를 세웠다.
14) 饕餮(도찬) : 재물이나 음식물을 탐내다.
15) 殫述(탄술) : 다 기록하다.

후집(後集)

제4장 잘못을 고치다〔改過〕
제5장 공덕과 죄업(罪業)의 조목〔功過格疑〕
제6장 부록(附錄)

제4장 잘못을 고치다〔改過〕

1. 말과 행동을 보고 잘못을 안다

가. 덕이 많은 사람은 복을 얻는다

 춘추(春秋)시대의 모든 대부(大夫)들은 사람의 말과 행동을 보고, 예측하여 그 잘못한 것과 그것으로 인한 화(禍)를 이야기하게 되면 맞지 않는 것이 없었다.
 좌구명(左丘明)이 주석을 단 『춘추』와 저술한 『국어(國語)』에서 이러한 기록을 볼 수 있다.
 대체로 길하고 흉한 것의 조짐은 마음에서 싹트고 사지(四肢)에서 움직이게 된다.
 덕이 넘쳐 흐르는 사람은 늘 복을 얻고 박정한 것이 지나친 사람은 늘 재앙을 가까이 하는 것이다.
 속세 사람들의 눈은 가리는 것이 많아서 모양이 확정되지 않으면 그 실상을 측정하지 못한다고 말하는 것이다.
 지극한 정성은 하늘과도 부합하는 것이다. 복이 장차 오려고 할 때에는 그 착한 것을 보고 반드시 먼저 그렇게 될 줄 알게 되는 것이다.

　재앙이 장차 오려고 할 때에도 그 착하지 못한 일을 보고 반드시 먼저 그렇게 될 줄 알게 되는 것이다.

　춘추시대에는 성인의 시대와 많이 떨어지지 않았기 때문에 그 말들이 많이 이치에 들어맞은 것이 당연한 것이었다.

　▨모든 것은 그 시초의 기미를 보고 앞날을 알아 맞추는 것이다.

　그 한 예로 여름에 개미가 이동을 하면 비가 오고 마파람이 불어도 비가 온다는 것과 마찬가지로 사물이 미리 조짐을 보이므로 그것을 참고하여 알아 맞추는 것이다.

　옛 사람들이 달리 무슨 특별한 예측가능의 혜지가 있어서 예언을 하고 알아 맞춘 것이 아니고 그 기미를 보고 앞으로 닥쳐올 일을 이야기 한 것에 지나지 않은 것이다.

　　春秋[1]諸大夫 見人言動 憶而談其過禍 靡不驗者 左國[2]諸紀可觀也 大都吉凶之兆 萌乎心而動乎四體[3] 其過于厚常獲福 過于薄者常近禍 俗眼多膜 容[4]謂有未定而不可測者 至誠合天 福之將至 觀其善而必先知之矣 禍之將至 觀其不善而必先知之矣 春秋時 去聖人未遠 其言多中宜也

1) 春秋(춘추) : 시대의 이름. 주(周)나라가 동쪽으로 천도한 뒤부터 위열왕(威烈王)까지의 280년간을 말한다.
2) 左國(좌국) : 좌구명이 주석을 단 『춘추좌전(春秋左傳)』과 직접 지은 『국어(國語)』를 말한다.
3) 四體(사체) : 팔과 다리. 팔이 두 개, 다리도 두 개인 것을 모두 합하면 네 개인 것을 말한다. 몸뚱이를 말하는 것이다.
4) 容(용) : 형체. 모습.

2. 부끄러워하는 마음을 아는 것

가. 부끄러움이 없는 것은 짐승과 같다

지금 복을 얻고 재앙을 멀리하고자 한다면 착한 일 행하는 것을 미리 이야기하지 말고 먼저 잘못을 고쳐야 한다.

다만 잘못을 고치려면 제일 먼저 부끄러워하는 마음을 일으켜야 한다.

옛날의 성현(聖賢)들을 생각해보면 나와 더불어 똑같은데 장부들이다. 저 성현들은 어찌하여 만세(萬世)의 스승이 될 수 있었으며, 나는 어찌하여 이 한 몸이 죽고나면 기왓장처럼 깨지는 것인가?

먼지 많은 세속의 욕정을 탐내 물들고 사사롭게는 불의를 행하고도 남들은 알지 못한다고 이르며 오만해져서 부끄러워할 줄 모른다. 장차 날로 새나 짐승과 같은 지경에 빠져들어 가면서도 스스로 자신의 처지를 알지 못한다.

이 세상에서 수치스럽게 여기고 부끄러워할 만한 것들이 이것보다 더 큰 것이 없을 것이다.

맹자(孟子)가 말했다.

"부끄러운 것이란 사람에게 있어서 큰 것이다."

부끄러워할 줄 아는 것을 얻으면 성현(聖賢)이요, 그것을 잃으면 새와 짐승일 따름이다.

이것이 잘못을 고치는 단서(端緒)이다.

▨자신의 과오를 뉘우치고 그 과오를 다시는 반복하지 않는 것이

참다운 인간이다.

성인(聖人)들은 자신의 과오를 알고 부끄럽게 여기고 또 그것을 다시 반복하지 않음으로써 만세의 스승이 되지만 보통 사람들은 과오를 알고도 고치지 않고 또 부끄러워할 줄도 모른다.

今欲獲福而遠禍 未論行善 先須改過 但改過者 第一要發恥心 思古之聖賢 與我同爲丈夫 彼何以萬世可師 我何以一身瓦裂 耽染塵情[1] 私行不義 謂人不知 傲然[2]無愧 將日淪于禽獸而不自知矣 世之可羞可愧者 莫大乎此 孟子[3]曰 恥之於人大矣 以其得之則聖賢 失之則禽獸耳 此改過之機[4]也

1) 塵情(진정) : 속세에 더럽혀진 정(情).
2) 傲然(오연) : 거만하여 남을 멸시하는 것.
3) 孟子(맹자) : 『맹자』의 진심(盡心) 상편에 있는 문장.
4) 機(기) : 기틀, 단서의 뜻.

3. 두려워하는 마음을 일으키는 것

가. 백년 동안의 나쁜 것을 씻는다

둘째는 두려워하는 마음을 일으켜야 한다.

하늘과 땅의 신명(神明)은 위에 있기 때문에 천신(天神)이나 인귀(人鬼)는 속이기가 어렵다.

내가 비록 잘못을 은밀하게 저질렀을지라도 하늘과 땅의 신명이나 귀신들은 진실하게 나의 잘못을 감찰하고 있으며, 나의 잘못이 무거우면 온갖 재앙을 내리고 가벼우면 현재의 내 복을 덜어내는 것이다.

　내가 어찌 가히 두려워하지 않을 수 있겠는가?

　오직 이것 뿐만은 아니다. 한가하게 지내는 곳일지라도 하늘과 땅의 신명과 귀신은 가리키고 보는 것을 밝게 하고 있다.

　내가 비록 잘못을 아주 비밀스럽게 감추고 아주 교묘하게 꾸밀지라도 허파와 간이 다 드러나듯 끝내 스스로를 속이기 어렵고 남에게 간파당하는 것으로 이러한 일들은 한 푼의 가치도 없는 것이다.

　어찌 두려워하고 삼가지 않을 수 있겠는가?

　또 이것 뿐만 아니다. 숨을 한 번 더 쉴 수 있는 목숨이 붙어 있을 때 오히려 잘못을 뉘우치고 고칠 수 있는 것이다.

　옛 사람으로서 일생동안 나쁜 짓만 하다가 죽을 때 뉘우치고 깨달아 한 가지 착한 생각을 일으켜 드디어 착하게 죽은 경우가 있었다.

　맹렬하게 착한 일에 힘쓸 것을 한 번 생각하면 넉넉히 백년 동안의 나쁜 짓을 씻을 수 있음을 말한 것이다.

　비유컨대 천년동안 어둡던 골짜기에 등불 하나를 겨우 밝혀 비추면, 천년동안의 어둠이 다 없어지는 것과 같은 것이다.

　그러므로 잘못된 것은 오래된 것과 근래의 것을 따지지 않고 오직 고치는 것을 귀하게 여길 뿐이다.

　다만 세속에 찌든 세상은 무상(無常)하고 육신은 죽기 쉬운 것이다.

　죽어서 숨 한 번 쉬지 못할 정도가 되면 잘못을 고치려 해도 고칠 길이 없는 것이다.

이승에서는 천백년 동안 이 나쁜 이름을 남기게 되면 비록 효성스런 아들이나 사랑스런 손자가 있더라도 능히 씻을 수 없는 것이다.

저승에서는 지옥에 빠지는 사나운 업보를 받았다면 그 괴로움을 견뎌내지 못할 것이다.

어찌 두려워하지 않을 수 있겠는가?

▨양진(楊震)이 '하늘이 알고 땅이 알고 그대가 알고 귀신이 알고 내가 아는데 누가 모른단 말인가?'라고 말했듯이 다른 사람들이 모르는 것 같아도 결국은 다 알게 된다는 이야기이다. 또한 사람들은 속일 수 있더라도 하늘과 땅의 신명(神明)은 속일 수 없다는 것이다.

第二要發畏心[1] 天地在上[2] 鬼神[3]難欺 吾雖過在隱微 而天地鬼神實鑒臨之 重則降之百殃[4] 輕則損其現福[5] 吾何可以不懼不惟是也 閒居之地 指視昭然[6] 吾雖掩之甚密 文之甚巧 而肺肝畢露 終難自欺 被人覰破[7] 不值一文矣 惡得不凜凜[8] 又不惟是也 一息尙存 猶可悔改 古人[9]有一生作惡 而臨死悔悟 發一善念 遂得善終者 謂一念猛勵[10] 足以滌百年之惡也 譬如千年幽谷 一燈纔照 則千年之暗俱除 故過不論久近 惟以改爲貴 但塵世[11]無常 肉身易隕 一息不屬 欲改無由矣 明[12]則千百年負此惡名 雖有孝子慈孫不能滌 幽[13]則沈淪獄報 不勝其苦 烏得不畏

1) 畏心(외심) : 두려워하는 마음.
2) 天地在上(천지재상) : 하늘과 땅의 신명이 위에 있다.
3) 鬼神(귀신) : 하늘에 있는 것을 신(神), 땅에 있는 것을 귀(鬼)라고 한다. 신(神)은 자연신. 귀는 선조(先祖)의 신.
4) 百殃(백앙) : 모든 재앙.

5) 現福(현복) : 자신이 타고난 현재의 복.

6) 昭然(소연) : 훤히 밝다. 훤하게 비추다.

7) 破(파) : 간파당하다.

8) 凜凜(름름) : 두려워하는 모양. 추위에 떠는 모양.

9) 古人(고인) : 옛 사람. 어떤 사람인지 불분명한 사람.

10) 猛勵(맹려) : 맹렬하게 힘쓰다.

11) 塵世(진세) : 더러운 이 세상.

12) 明(명) : 현 세상. 이승.

13) 幽(유) : 저 세상. 저승.

4. 용맹한 마음을 일으키다

가. 독사가 손가락을 깨물면

셋째는 용맹한 마음을 일으켜야 한다.

사람이 잘못을 고치지 않는 것은 대부분 옛 방식을 따르고 물러서서 움츠리기 때문이다.

내가 모름지기 분연히 떨쳐 일어서야 한다.

전날의 갖가지 나쁜 일은 비유컨대 어제 죽은 것과 같이 하고 이제부터의 갖가지 착한 일은 비유컨대 오늘 태어난 것과 같이 한다.

독사가 손가락을 깨물면 빨리 손가락을 베어 없애버려야 하는 것처럼, 잘못을 고치는데 털끝 만큼의 꾸물거림도 없어야 하는 것이다.

이것은 바람과 번개가 모든 사물에 이익이 되는 것과 같은 것이다.

이 3가지 마음(부끄러워하는 마음, 두려워하는 마음, 용맹한 마음)을 갖추게 되면 곧 잘못이 있더라도 이것을 고치게 되어, 봄날의 얼음이 해를 만나 녹아내리는 것과 같이 잘못이 녹아내릴 것이다.

이 어찌 잘못이 없어지지 않을 것을 근심할 것인가?

▨개과천선(改過遷善)은 신속히 할수록 좋다.

허물을 고치고 선으로 옮기는데에는 먼저 부끄러워하는 마음과 두려워하는 마음과 용맹한 마음을 갖추어야 한다.

나쁜 일을 했을 때는 부끄러워할 줄 알아야 하고 부끄러워할 줄 안다면 두려워하는 마음을 가져야 하고 두려워하는 마음을 가지게 되었다면 용맹스럽게 선으로 나아가는 용기가 필요한 것이다.

第三要發勇心[1] 人不改過 多是因循退縮[2] 吾須奮然[3]振作 從前種種[4] 譬如昨日死 從後種種 譬如今日生 如毒蛇囓指 速與斬除 無絲毫凝滯 此風雷之所以爲益也 具是三心[5] 則有過斯改 如春冰遇日 何患不消乎

1) 勇心(용심) : 용맹스런 마음.
2) 因循退縮(인순퇴축) : 인순은 옛날의 방식을 따르다. 퇴축은 물러서서 움츠러들다.
3) 奮然(분연) : 분발하여 일어서는 모양.
4) 種種(종종) : 가지가지.
5) 三心(삼심) : 3가지 마음. 곧 부끄러워하는 마음, 두려워하는 마음, 용맹한 마음.

5. 잘못을 고치는 것

가. 일하는 것으로 잘못을 고치는 것

그렇지만 사람의 잘못이라는 것은 일을 하는 것에 따라서 고치는 것이 있고, 이치를 터득함으로부터 고치는 것이 있고, 마음으로부터 우러나와 고치는 것이 있게 마련이다.

공부(工夫)가 같지 않기 때문에 그 효험도 또한 다르기 마련이다.

옛날에 산 것을 죽였으면 지금은 산 것을 죽이지 않도록 경계하고, 옛날에 화내고 욕했으면 지금은 화내지 않도록 경계하는 것과 같은 것인데 이러한 것들은 그 일에 나아가서 잘못을 고치는 것이다.

일을 하는 것으로 잘못을 고치는 것은 외부에서 강제로 시키면 그 어려움이 백배나 되고, 또 병의 뿌리가 끝까지 남아있게 된다.

동쪽에서 없어지면 서쪽에서 생겨나게 되니 궁극적으로 확연히 잘못을 고치는 도는 아니다.

▨과거를 되돌아보며 현실의 상황에 견주어서 잘못된 것을 반성하고 그것을 시정하여 다시는 그러한 과오를 반복하지 않는다.

이러한 것이 잘못을 고치는 최상의 방법이다.

然[1] 人之過 有從事上改者 有從理上改者 有從心上改者 工夫[2]

不同 効驗亦異 如前日殺生 今戒不殺 前日怒罵 今戒不怒 此就其事而改之者也 强制于外 其難百倍 且病根終在 東滅西生 非究竟廓然³⁾之道也

1) 然(연) : 그렇지만. 그러나.
2) 工夫(공부) : 공적과 덕행을 쌓고, 심성(心性)을 보존하고 기르는 것.
3) 廓然(확연) : 넓고 빈 모양.

나. 이치를 터득함으로부터 잘못을 고치는 것

잘못을 잘 고치는 자는 그 일을 금지하지 않고 먼저 그 이치를 밝힌다.

잘못이 산 것을 죽이는 데에 있는 것 같으면 곧 생각하여 말한다.

"상제(上帝)님께서 생명을 좋아하시고, 동물은 다 제 목숨을 사랑한다.

동물을 죽여 자기를 기른다면 어찌 스스로 편안할 수 있겠는가? 또 동물을 죽일 때 동물은 이미 칼에 찔리고 베이는 고통을 받았는데, 다시 솥에 넣어 삶는다면 갖가지 고통으로 한(恨)이 맺히고 원수를 품는다.

자기를 기르기 위해 기름진 고기를 밥상에 나열하지만 먹는 것이 지나고나면 곧 공허해진다.

나물반찬과 채소국으로도 다 배를 채울 수 있다.

하필이면 반드시 동물의 생명을 죽여 자기의 복을 줄일 것인가?"

하고는 또 생각한다.

"혈기가 있는 동물은 다 신령하게 깨우칠 수 있는 성품을 가지고 있다. 이미 신령하게 깨달을 수 있는 성품이 있다면 모두 나와 한 몸이다.

비록 몸소 지극한 덕을 닦아 명성이 널리 퍼져 동물로 하여금 나를 존경하게 하고 나를 친하게 할 수는 없다 하더라도, 어찌 날로 동물의 목숨을 죽여 동물로 하여금 끝없이 나에게 원수지게 하고 나에게 한을 품게 할 수 있겠는가?"

한번 생각이 여기에 미치면 곧 먹을 고기를 대하고는 마음이 상해서 그것을 삼킬 수 없게 된다.

옛날에 화를 잘 냈을 것 같으면 반드시 생각하여 말한다.

"남에게 모자라는 점이 있다면 인정상 마땅히 불쌍하게 여겨야 할 일이지, 도리에 어긋나게 서로 간섭한다면 나에게 무엇이 될 것인가? 본래 화낼 만한 것은 없는 것이다."

그리고 또 생각한다.

"천하에 스스로 옳다고 여기는 호걸은 없다. 또 남을 탓하는 학문도 없다.

남에게 행하여 얻지 못하는 점이 있으면 다 자기가 덕을 닦지 않아서이고 남을 감동시키는 것이 지극하지 않아서이다.

내가 다 스스로 반성한다면 방훼가 올지라도 모두 옥(玉)을 연마하여 기물을 만들 듯 내 덕을 닦아서 성취하는 바탕이 되는 것으로, 내가 곧 기쁘게 받고 줄 일이지 무슨 화낼 일이 있겠는가?

또 남한테 비방을 듣고도 내가 화내지 않으면, 비록 나를 헐뜯는 말이 하늘을 태우는 불꽃같이 맹렬할지라도 횃불을 들어 공중을 태우는 것과 같은 것으로 끝내는 곧 저절로 꺼지리라.

비방하는 말을 듣고 화를 내면 비록 교묘한 마음으로 힘껏 변명할지라도, 봄누에가 고치를 만들 듯 스스로를 얽어매는 것이다.

화내는 것은 오직 이익이 없을 뿐만 아니라 또한 해로움이 있을 뿐이다."

그밖의 갖가지 잘못과 나쁜 짓은 다 마땅히 이치에 근거해 생각해야 한다. 이 이치가 이미 밝아지면 잘못은 곧 저절로 그칠 것이다.

▨자신을 되돌아보고 일일삼성(日日三省)의 마음으로 되돌아가면 과오 없는 인생이 될 것이다.

善改過者 未禁其事 先明其理 如過在殺生 卽思曰 上帝好生 物皆戀命 殺彼養己[1] 豈能自安 且彼之殺也 旣受屠割 復入鼎鑊 種種痛苦 結恨含冤 己之養也 珍膏[2] 羅列 食過卽空 蔬食菜羹[3] 儘可充腹 何必戕彼之生 損己之福哉 又思血氣之屬 皆含靈知[4] 旣有靈知 皆我一體 縱不能躬修至德 聲名洋溢[5] 以使之尊我親我 豈可日戕物命 以使之仇我憾我于無窮也 一思及此 將有對食傷心 不能下咽者矣

如前日好怒 必思曰 人有不及 情所宜矜 悖理相干 於我何與[6] 本無可怒者 又思天下無自是之豪傑 亦無尤人之學問 行有不得 皆己之德未修 感未至也 吾悉以自反 則謗毀之來 皆磨煉玉成[7] 之地 我將歡然[8] 受賜 何怒之有 又聞謗而不怒 雖讒焰薰天[9] 如擧火焚空 終將自息 聞謗而怒 雖巧心[10] 力辯 如春蠶作繭 自取纏綿[11] 怒不惟無益 且有害也 其餘種種過惡 皆當據理思之 此理旣明 過將自止

1) 養己(양기) : 자신을 잘 기르다. 곧 몸을 살찌게 하다.
2) 珍膏(진고) : 기름진 고기. 고량진미의 뜻.
3) 蔬食菜羹(소식채갱) : 나물반찬에 나물국.
4) 靈知(영지) : 중생이 본래 가지고 있는 신령하게 깨달을 수 있는 성품.
5) 洋溢(양일) : 넘쳐 흐르다.
6) 與(여) : 어조사. 여(歟)와 같다.
7) 磨煉玉成(마연옥성) : 마연은 연마(鍊磨)와 같다. 옥성(玉成)은 덕이 있는 사람이 되다.
8) 歡然(환연) : 기쁜 모양.
9) 薰天(훈천) : 하늘을 태우다.
10) 巧心(교심) : 공교로운 마음.
11) 纏綿(전면) : 얽다. 얽어매다.

다. 마음으로부터 잘못을 고치는 것

무엇을 마음으로부터 잘못을 고친다고 말하는 것인가?

잘못은 온갖 것이 있으며 이것은 오직 마음에서 만드는 것이다.

나의 마음이 움직이지 않는다면 잘못이 어디에서 생겨날 것인가?

배우는 자는 여색을 좋아하고 명예를 좋아하고 재물을 좋아하고 화내기를 좋아하는 등 갖가지 많은 잘못을 저지르는데, 반드시 잘못의 종류를 내쫓고 잘못을 고치는 일을 찾아 구해야 하는 것은 아니다.

다만 마땅히 한 마음으로 착한 일을 행하면 된다.

바른 생각이 때때로 앞에 나타나면, 나쁜 생각이 자연히 마음을 더럽게 물들이지 못하게 된다.

태양이 공중에 떠오르면 도깨비들이 숨고 없어지는 것과 같다. 이것은 '정성되고 일관되라'는 심법(心法)을 참되게 전한 것이다.

잘못은 마음이 만들고 또한 마음이 고치게 되는 것이다.

독을 가진 나무를 잘라내듯이 곧바로 그 뿌리를 잘라야 한다. 하필 가지들이나 치고 잎사귀들이나 딸 것인가?

대체로 최상의 것은 마음을 다스리는 것이므로 어떤 일에서 마음을 깨끗하게 하고 고요하게 가지면 비로소 나쁜 생각이 움직이더라도 곧 깨닫게 된다. 깨달으면 곧 그것이 없어지게도 된다.

만약 아직 그럴 수 없다면 모름지기 이치를 밝혀서 나쁜 생각을 떠나보내라.

또 그럴 수 조차도 없다면 모름지기 일을 따라서 나쁜 생각을 금지하라.

최상의 선비들은 낮은 공덕을 겸하여 행하는 것이 실책(失策)이 되지 않는 것이다. 낮은 공덕에 집착하여 높은 공덕을 어둡게 한다면 졸렬할 뿐이다.

되돌아보면 소원을 일으키고 잘못을 고치는 것은, 이승에서는 모름지기 좋은 벗이 잃어버린 것을 일깨워 주어야 하고 저승에서는 모름지기 귀신이 증명해 주어야 하는 것으로, 한 마음으로 참회하고 밤낮으로 게으름 피우지 않는다면 혹 이레가 지나 한 달, 두 달, 세 달이 지나가면 반드시 효험이 있을 것이다.

혹 마음과 정신이 편안하고 넓어지는 것을 느끼거나, 혹 지혜가 문득 열려지는 것을 느끼거나, 혹 번잡한 곳에 살더라도 느낌과 생각이 다 통하거나, 혹 원수를 만나더라도 화내는 것을 돌이켜 기쁨이 되게 하거나, 혹 꿈에 검은 물질을 토하거나, 혹은 꿈에 신인과 성인이 이끌어 주거나, 혹 꿈에 하늘을 날아서 걷거나, 혹은 꿈에 불당을 꾸미는 것이나 보배스러운 일산을 보게 된다.

이런 갖가지 훌륭한 일들은 다 잘못이 없어지고 죄가 소멸할 조짐이다.

그러나 이런 경우를 경험하고도 스스로 높은 경지에 오를 수 없다면, 일을 그치고 나아가지 않는 것이다.

이치는 무궁무진한 것이다. 잘못을 고치는 것이 어찌 때가 다 되었다고 그만둘 수 있을 것인가?

옛날 거백옥(蘧伯玉)이라는 사람이 20살이 되어서 이미 지난날의 잘못을 깨닫고 다 고쳤다.

21살이 되어서는 곧 20살 때 잘못을 고친 바가 충분치 못한 것을 알았다. 22살이 되어서는 곧 21살 때를 되돌아보니 꿈속에 있었던 것과 같았다.

한 해가 지나가고 다시 한 해가 지나갈 때마다 연속적으로 잘못을 고쳐 나이 50살이 되었을 때 오히려 49년 동안의 잘못을 알았다.

옛 사람의 잘못을 고치는 배움이 이와 같았다.

우리들의 몸은 보통 사람에 지나지 않는데 잘못이나 나쁜 것들이 고슴도치 털같이 뾰족뾰족 모여있다.

지난 일을 돌이켜 생각하여 늘 그 잘못이 있음을 보지 못할 것 같으면 마음이 거칠고 눈이 가려진 것이다.

그러나 사람으로서 잘못이나 나쁜 짓이 깊고 무거운 자는 또한 조짐이 있게 마련이다.

혹 마음과 정신이 어둡고 막혀 머리를 돌리면 일을 잊어버리거나, 혹은 일이 없는데도 항상 고민을 하거나, 혹 군자(君子)를 만나면 얼굴을 붉히고 기운이 없어지거나, 혹 바른 말을 들어도 즐거워하지 않거나, 혹 은혜를 베푸는 사람에게 도리어 원망을 하거나, 혹 밤에 엎어지는 꿈을 꾸거나 하는데 이런 것들이 심하면 망언을 하고 뜻을 잃어버린다.

이것들은 다 악업을 저지를 바탕이다.

만약 한 가지라도 이와 같은 일이 생긴다면, 모름지기 분발하여 옛날의 나쁜 것을 버리고 새로운 착한 것을 꾀해야 한다.

다행히 스스로를 그르치지 말기를 바랄 뿐이다.

何謂從心而改 過有千端[1] 惟心所造 吾心不動 過安從生 學者於好色好名 好貨好怒 種種諸過 不必逐類尋求 但當一心爲善 正念時時現前 邪念自然汚染不上 如太陽當空 魍魎[2] 潛消 此精一[3]之眞傳也 過由心造 亦由心改 如斬毒樹 直斷其根 奚必枝枝而伐 葉葉而摘哉 大抵最上者治心 當下[4]淸靜 纔動卽覺 覺之卽無 苟未能然 須明理以遣之 又未能然 須隨事以禁之 以上士[5]而兼行下功 未爲失策 執下而昧上則拙矣

顧發願改過 明須良朋提醒[6] 幽須神鬼證明 一心懺悔 晝夜不懈 或經七日 以至一月二月三月 必有効驗 或覺心神恬曠[7] 或覺智慧頓開[8] 或處冗沓[9]而觸念皆通 或遇冤讐而回嗔作喜 或夢吐黑物 或夢神聖提攜 或夢飛步太虛[10] 或夢幢幡寶蓋[11] 種種勝

제4장 잘못을 고치다〔改過〕

事 皆過消罪滅之象也 然不得執此自高 畫而不進 理無窮盡 改過豈有盡時

昔蘧伯玉[12]當二十歲 已覺前日之非 而盡改之矣 至二十一歲 乃知前之所改未盡也 及二十二歲 則回視二十一歲 猶在夢中 歲復一歲 遞遞[13]改之 行年五十 而猶知四十九年之非 古人改過之學如此 吾輩身爲凡流 過惡蝟集[14] 而回思往事 常若不見其有過者 心粗而眼翳也 然人之過惡深重者 亦有徵驗 或心神昏塞 轉頭卽忘 或無事而常煩惱[15] 或見君子而覥然消阻 或聞正論而不樂 或施惠人而反怨 或夜夢顚倒 甚則妄言失志 皆作惡業之相也 苟一類此 卽須奮發 舍舊圖新 幸勿自悞

1) 千端(천단) : 온갖 단서. 온갖 것.
2) 魍魎(망량) : 도깨비.
3) 精一(정일) : 순수하다. 조금도 잡념이 없다.
4) 當下(당하) : 어떤 일(지금 당장).
5) 上士(상사) : 최고의 선비. 제일의 선비.
6) 提醒(제성) : 잃어버린 것을 깨우치다.
7) 恬曠(염광) : 편안하고 넓다.
8) 頓開(돈개) : 갑자기 열리다.
9) 冗沓(용답) : 번잡하다.
10) 太虛(태허) : 하늘.
11) 幢幡寶蓋(당번보개) : 당번은 불당을 수식하는 기. 보개는 귀한 사람이 타는 수레의 덮개.
12) 蘧伯玉(거백옥) : 이름은 원(瑗). 자는 백옥(伯玉). 위(衛)나라 영공(靈公) 때의 어진 대부(大夫)였다. 공자(孔子)가 위나라에 갔을 때 그의 집에 머물기도 했다.

13) 遞遞(체체) : 연속되는 모양. 계속하는 모양.
14) 蝟集(위집) : 고슴도치 털과 같이 한 번에 많이 모이다.
15) 煩惱(번뇌) : 욕정(慾情) 때문에 심신이 시달림을 받아서 괴로운 것.

제5장 공덕과 죄업의 조목
〔功過格疑〕

1. 공덕(功德)의 50가지 표준

가. 백가지의 공덕(功德)에 해당되는 일〔準百功〕

자신의 몸으로 직접 행동하여 백가지 공덕(功德)을 쌓는 것에 해당되는 일이 있는데 그것은 다음과 같다.
- 다 죽게 된 한 사람을 구제해 주는 일.
- 한 부녀의 절개를 완전하게 하는 일.
- 사람에게 한 명의 자녀를 물에 빠뜨리지 말고, 한 명의 뱃속 아이를 죽이지 않도록 권하여 막는 일.

▨'다 죽게 된 한 사람을 구제해 주는 일'이란 굶주림에 시달려 거의 죽어가는 사람에게 먹을 것을 주어 살여주는 일이나 물에 빠져 죽게 된 사람을 건져주는 일 등 여러 가지 위험에 빠져서 거의 목숨을 잃을 뻔한 사람을 살려내는 일들을 말한다.

'한 부녀의 절개를 완전하게 하는 일'이란 아무 이유없이 여자를 겁탈하거나 취하지 않아서 여자의 정조를 빼앗지 않는 일을 말한다.

'사람에게 한 명의 자녀를 물에 빠뜨리지 말고, 한 명의 뱃속 아이를 죽이지 않도록 권하여 막는 일'이란 자신이 살기 어렵다고 자식을 물에 빠뜨려 죽이거나 내다버려 죽게 하는 것을 막고 뱃속의 태아를 낙태시키지 않도록 막는 것을 가리킨다.

이상의 3가지 일은 각각 한 가지를 행하면 100가지를 행하는 것에 해당하는 제일 큰 공덕이다.

準百功[1]
救免一人死
完一婦女節
勸阻人不溺一子墮一胎[2]

1) 準百功(준백공) : 1백가지의 공덕(功德)에 해당한다. 준(準)은 고르게 하다, 그와 같은 것의 뜻. 백공은 1백가지의 보람된 일.
2) 一胎(일태) : 여자의 뱃속에 있는 생명체. 곧 태아.

나. 50가지의 공덕에 해당되는 일〔準五十功〕

자신의 몸으로 몸소 실천하여 50가지 공덕(功德)을 쌓는 것에 해당되는 일이 있는데 그것은 다음과 같다.

■ 한 집안의 대를 계속해서 이어지게 하는 일.
■ 의지할 곳 없는 한 사람을 거두어 기르는 일.
■ 연고가 없는 하나의 해골을 묻어주는 일.
■ 떠돌아 다니는 한 사람을 구제해 주는 일.

▨ '한 집안의 대를 계속해서 이어지게 하는 일'이란 끊어지려 하는 가계를 이어주는 것으로 어린 후손을 잘 돌봐주어 그 집안의 대를

제5장 공덕과 죄업의 조목〔功過格疑〕 135

이어지게 하는 일이다.

'의지할 곳 없는 한 사람을 거두어 기르는 일'이란 일가친척 없는 고아로서 아무 곳에도 의지할 데 없는 아이를 데려다 키워서 잘 성장하게 해주는 일이다.

'연고가 없는 하나의 해골을 묻어주는 일'이란 길거리나 산에 버려진 남의 유골을 거두어 잘 장사지내 주는 일을 말한다.

'떠돌아 다니는 한 사람을 구제해 주는 일'이란 연고도 없고 의지할 집도 없이 이리저리 떠돌아 다니는 외롭고 불쌍한 사람을 거두어 의지할 곳을 마련해 주고 살아갈 수 있도록 돌봐 주는 일을 말한다.

이상의 4가지를 각각 행하면 그 한 가지를 행할 때마다 50가지의 공덕에 버금가는 큰 공덕(功德)을 쌓게 되는 것으로 조금만 신경쓰면 충분히 행할 수 있는 일이다.

準五十功[1]

  延續一嗣[2]

  收養一無倚[3]

  瘞一無主骸[4]

  救免一人流離[5]

1) 準五十功(준오십공) : 50가지의 공덕에 해당되는 것들.
2) 嗣(사) : 잇다. 연결시키다. 대를 연결시키는 것.
3) 無倚(무의) : 의지할 곳이 없는 것.
4) 骸(해) : 해골. 사람의 뼈. 무주해(無主骸)는 주인이 없는 사람의 뼈.
5) 流離(유리) : 이리저리 방랑하는 것.

다. 30가지의 공덕에 해당되는 일〔準三十功〕

자신의 몸으로 직접 실천하여 30가지 공덕(功德)을 쌓는 것에 해당되는 일이 있는데 그것은 다음과 같다.

- 계(戒)를 받은 한 명의 제자를 제도하는 일.
- 비행을 저지르는 한 사람을 권하고 교화시켜 행동을 고치도록 하는 일.
- 한 사람의 억울한 것을 밝혀주는 일.
- 땅 한 곳을 연고가 없는 주검을 묻는데 베풀어 주는 일.

'계(戒)를 받은 한 명의 제자를 제도하는 일'이란 불교의 가르침을 받은 제자가 사행(邪行)으로 흐르지 않도록 선도하고 법도에 벗어나지 않도록 도와주어 가르침을 온전히 행하도록 하는 것이다.

'비행을 저지르는 한 사람을 권하고 교화시켜 행동을 고치도록 하는 일'이란 악행을 일삼는 사람을 잘 인도하여 착하게 살도록 만드는 일이다.

'한 사람의 억울한 것을 밝혀주는 일'이란 누명을 쓰고 도피하거나 원통하게 감옥살이 하는 사람을 위해 진실을 밝혀서 누명을 벗겨주는 일이다.

'땅 한 곳을 연고가 없는 주검을 묻는데 베풀어 주는 일'이란 의지할 데 없고 가진 것 없는 사람의 죽음을 보고 자신의 땅에 묻게 은혜를 베풀어 주는 것이다.

이상의 4가지는 각각 30가지의 공덕에 해당하는 큰 공덕이다.

準三十功[1]

제5장 공덕과 죄업의 조목〔功過格疑〕 137

  度一受戒[2]弟子
  勸化一非爲人改行
  白一人冤
  施一地與無主[3]之葬

1) 準三十功(준삼십공) : 30가지의 공덕에 해당하는 일.
2) 受戒(수계) : 불문(佛門)에 들어가서 계율을 받다.
3) 無主(무주) : 주인이 없는 것. 곧 시체의 주인이 없는 것을 뜻한다.

라. 10가지의 공덕에 해당되는 일〔準十功〕

 자신이 직접 실천하여 10가지 공덕(功德)을 쌓는 것에 해당되는 일이 있는데 그것은 다음과 같다.

■ 덕 있는 한 사람을 천거하여 인도하는 일.
■ 백성의 해로움 하나를 없애는 일.
■ 중생을 구제하는 경전이나 귀감이 되는 책이나 법(法)을 한 권 편찬하는 일.
■ 방술로써 중병에 걸린 한 사람을 살리는 일.

 ▨ '덕 있는 한 사람을 천거하여 인도하는 일'이란 자신보다 뛰어난 인재를 천거하여 등용시키는 일이다.
 '백성의 해로움 하나를 없애는 일'이란 까다로운 법으로 백성을 고통스럽게 하는 법률이나 관가의 병폐를 한 가지 없애주는 일이다.
 '중생을 구제하는 경전이나 귀감이 되는 책이나 법(法)을 한 권 편찬하는 일'이란 모든 민중을 구제하거나 모든 사람들에게 사표가 될 만한 경전을 짓거나 민중에게 이로움이 되는 법을 만드는 일이다.
 '방술로써 중병에 걸린 한 사람을 살리는 일'이란 의약이나 음양의 술로써 병들어 죽어가는 사람을 살려주는 일이다.

이상의 4가지를 시행하면 각각 10가지의 공덕에 해당한다.

準十功[1]
 薦引[2]―有德人
 除―民害[3]
 編纂―濟衆經法[4]
 以方術[5]活―重病

1) 準十功(준십공) : 10가지의 공덕에 해당하는 것.
2) 薦引(천인) : 천거하여 쓰이게 하다.
3) 民害(민해) : 일반 백성에게 해악을 끼치는 일.
4) 濟衆經法(제중경법) : 모든 중생을 구제할 수 있는 경전(經典)이나 법(法)을 편찬하는 일.
5) 方術(방술) : 의약이나 음양의 원리로 사람을 치료하는 기술. 곧 오래 살도록 하는 의술.

마. 5가지의 공덕에 해당되는 일〔準五功〕

자신의 몸으로 직접 실천하여 5가지 공덕(功德)을 쌓는 것에 해당되는 일이 있는데 그것은 다음과 같다.

- 한 사람의 소송을 권하여 멈추게 하는 일.
- 사람에게 하나의 성명(性命 : 목숨)을 보전하고 더하는 방법을 전하는 일.
- 생명을 보전하고 더하는 한 권의 경전이나 귀감이 되는 책을 편찬하는 일.

제5장 공덕과 죄업의 조목〔功過格疑〕 139

- 방술로써 한 가지 가벼운 병을 치료하는 일.
- 하나의 힘이 있어 사람에게 보답하는 가축의 목숨을 구제하는 일.

'한 사람의 소송을 권하여 멈추게 하는 일'이란 재판이 붙은 사람들을 서로 화해시켜 재판을 없애게 하는 것이다.

'사람에게 하나의 성명을 보전하고 더하는 방법을 전하는 일'이란 자살할 사람을 설득해 중지하고 열심히 살아가게 교화시키는 일이다.

'생명을 보전하고 더하는 한 권의 경전이나 귀감이 되는 책을 편찬하는 일'이란 인간의 생명연장에 필요한 저서를 저술하여 배포하거나 또는 민중의 귀감이 되는 저서를 편찬하는 일을 말한다.

'방술로써 한 가지 가벼운 병을 치료하는 일'은 가벼운 병을 치료해 줌으로써 중병을 치료해 줄 때보다는 공덕이 적은 것이다.

'하나의 힘이 있어 사람에게 보답하는 가축의 목숨을 구제하는 일'이란 남이 살생을 할 때 그것을 하지 못하도록 막고 가축이면 그것을 돈으로 사서 가축의 생명을 보호하는 일이다.

이상의 5가지는 각각 5가지의 공덕에 준하는 것이며 인간이 쉽게 할 수 있는 일들이다.

準五功[1]
　勸息一人訟
　傳人一保益性命[2]事
　編纂一保益性命經法
　以方術療一輕病
　救一有力報人之畜命[3]

1) 準五功(준오공) : 5가지의 공덕에 해당하는 것.

2) 性命(성명) : 인간의 생명.
3) 畜命(축명) : 가축의 생명.

바. 3가지의 공덕에 해당되는 일〔準三功〕
　자신이 몸소 인내(忍耐)하여 3가지의 공덕(功德)을 쌓는 것에 해당되는 일이 있는데 그것은 다음과 같다.
- 사나운 일을 한 번 당하고도 성내지 않는 일.
- 비방을 한 번 들어도 변명하지 않는 일.
- 귀에 거슬리는 말을 한 번 듣고도 참는 일.
- 한번 마땅히 때리고 꾸짖어야 할 사람을 용서해 주는 일.
- 하나의 힘이 없더라도 사람에게 보답하는 가축의 목숨을 구제하는 일.

　▨ '사나운 일을 한 번 당하고도 성내지 않는 일'이란 잘못한 일이나 그런 행동을 하지 않고도 무안을 당하거나 모욕을 당하고도 성내지 않는 행동을 뜻한다.
　'비방을 한 번 들어도 변명하지 않는 일'이란 자신이 한 일이 아닌데도 오해로 인하여 비방을 당해도 자신을 변명하지 않는 일이다.
　'귀에 거슬리는 말을 한 번 듣고도 참는 일'이란 자신이 하지 않은 일을 모질게 몰아붙여 듣기에 거북스러운데도 태연하게 아랑곳하지 않는 일이다.
　'한번 마땅히 때리고 꾸짖어야 할 사람을 용서해 주는 일'이란 당연히 꾸짖고 때려서 분풀이를 하여야 할 사람인데도 꾸짖지 않고 그냥 용서해 주는 일이다.
　'하나의 힘이 없더라도 사람에게 보답하는 가축의 목숨을 구제하

제5장 공덕과 죄업의 조목〔功過格疑〕 141

는 일'이란 죽음 직전의 가축을 보고 자신에게 힘이 없어도 백방으로 노력하여 가축의 목숨을 구제하는 것이다.
  이상의 5가지는 각각 3가지의 공덕에 해당하는 일들로 참을성이 많은 사람은 쉽게 해낼 수 있는 것들이다.

準三功[1]
  受一橫不嗔[2]
  任一謗不辯[3]
  受一逆耳[4]
  饒免一應撲責人[5]
  救一無力報人之畜命

1) 準三功(준삼공) : 3가지의 공덕에 해당하는 일.
2) 橫不嗔(횡부진) : 횡액을 당해도 성을 내지 않는다.
3) 不辯(불변) : 자신을 변명하지 않다.
4) 逆耳(역이) : 자신의 귀에 거슬리는 말. 곧 듣기싫은 소리.
5) 責人(책인) : 남을 꾸짖는 일.

사. 하나의 공덕에 해당되는 일 〔準一功〕
  자신이 실천하여 한 가지의 공덕에 해당되는 일이 있는데 그것은 아래와 같다.
■ 한 사람의 착한 일을 칭찬하는 일.
■ 한 사람의 악한 일을 덮어 주는 일.
■ 사람에게 권하여 한 가지 나쁜 일 저지르는 것을 막는 일.
■ 한 사람의 다툼을 권하여 멈추게 하는 일.

- 길가는 사람의 병을 한 번 치료해 주는 일.
- 버린 글자 1천 글자를 줍는 일.
- 한 번의 마땅히 받아 먹어야 할 음식을 만나고도 받아 먹지 않는 일.
- 굶주리는 한 사람을 구제해 주는 일.
- 돌아가야 할 사람을 한 번 유숙(留宿)시키는 일.
- 착한 법(法)을 강연하여 교화와 가르침이 한 사람에게 미치는 일.
- 일을 일으켜 이익이 한 사람에게 미치는 일.
- 사람이 기르는 가축을 한때라도 피로하지 않게 하는 일.
- 한 마리의 저절로 죽은 새를 묻어 주는 일.
- 한 마리 미세한 습기 있는 곳에서 태어난 작은 생명이라도 구제해 주는 일.

▧ '한 사람의 착한 일을 칭찬하는 일'은 어느 한 사람이 착한 일을 한 것을 격려해 주고 자신이 한 것처럼 기뻐하고 드러내 칭찬하면서 시기하지 않는 것이다.

'한 사람의 악한 일을 덮어 주는 일'은 주위의 어느 사람이 나쁜 일을 한 것을 소문내지 않고 덮어 주고 타이르는 것이다.

'사람에게 권하여 한 가지 나쁜 일 저지르는 것을 막는 일'은 주위의 어떤 사람이 나쁜 일을 하려 하면 그를 설득하여 나쁜 일을 저지르지 않도록 권장하여 그 일을 하지 않게 만드는 것이다.

'한 사람의 다툼을 권하여 멈추게 하는 일'은 자신의 주위에서 재판을 하거나 싸움이 일어날 경우 그것을 조정하여 다투지 않고 좋은 방법으로 해결하고 그 다툼을 사전에 예방해 주는 것이다.

'길가는 사람의 병을 한 번 치료해 주는 일'은 나그네가 갑자기 질

병으로 쓰러져 있을 때 구제해 주거나 병간호하여 낫게 하는 것이다.

'버린 글자 1천 글자를 줍는 일'은 종이에 써져 있는 길에 버려진 글자를 주워서 태워 없애거나 한 곳에 모아서 묻는 것이다.

'한 번의 마땅히 받아 먹어야 할 음식을 만나고도 받아 먹지 않는 일'은 수고를 해주거나 남을 도와주어 대접받을 일을 했는데도 그것을 받아 먹지 않는 일이다.

'굶주리는 한 사람을 구제해 주는 일'은 나그네가 길을 가다가 굶주림에 쓰러져 있거나 주위의 배고픈 사람을 구제해 주는 일이다.

'돌아가야 할 사람을 한 번 유숙(留宿)시키는 일'은 고향으로 돌아가야 할 사람을 편안하게 하룻밤 더 묵고 가도록 하는 것이다.

'착한 법(法)을 강연하여 교화와 가르침이 한 사람에게 미치는 일'은 사회에 도움이 되는 법(法)을 설명하여 그 가르침이 어느 한 사람에게라도 미쳐서 그 사람이 감화를 받게 하는 것이다.

'일을 일으켜 이익이 한 사람에게 미치는 일'은 조그만 사업을 시행하여 그 사업의 혜택으로 한 사람이라도 도움이 되게 하는 것이다.

'사람이 기르는 가축을 한 때라도 피로하지 않게 하는 일'은 집안에서 기르는 소·말·양 등의 가축을 너무 피로에 지치지 않게 하고 편안하게 보살핌을 받게 하는 것이다.

'한 마리의 저절로 죽은 새를 묻어 주는 일'은 자연히 죽은 날짐승을 그냥 버려두지 않고 그 시체를 땅에 묻어 주는 것이다.

'한 마리 미세한 습기 있는 곳에서 태어난 작은 생명이라도 구제해 주는 일'은 개미나 지렁이 그밖의 잡충들이라도 이유없이 죽이지 않고 그들 나름대로 살도록 보호해 주는 것이다.

이상의 14가지 일들은 특별한 사람이 아닌 보통 사람들이 손쉽게 접하고 행할 수 있는 일들로 그냥 지나치거나 흘려보내기 쉽다. 이러한 일이라도 시행을 한다면 각각 1가지의 공덕을 쌓는 것이다. 어렵지 않은 일이기 때문에 각자가 조금만 노력하면 행할 수 있다.

  극락의 세계는 많은 공덕을 쌓아서 갈 수도 있으나 때에 따라서는 한 가지의 특별한 공덕으로 인연을 맺는 수도 있다. 하나의 하찮은 일이라고 그냥 지나쳐 버리면 안되는 것이다.

    準一功[1]
      讚一人善
      掩一人惡
      勸阻人非爲一事
      勸息一人爭
      行治人病一度
      拾得遺字一千
      遇一應饗飮饌不饗
      濟一人飢
      留歸人[2]一宿
      講演善法[3] 化諭及一人
      所興事[4] 利及一人
      接濟人畜疲頓一時
      瘞一自死禽畜
      救一微細濕化[5]之屬命

1) 準一功(준일공) : 하나의 공덕에 해당하는 일.
2) 歸人(귀인) : 돌아가야 할 사람.
3) 善法(선법) : 착한 법(法). 곧 강연과 같은 것.
4) 興事(흥사) : 사업을 일으키다.

제5장 공덕과 죄업의 조목〔功過格疑〕 145

5) 濕化(습화) : 습생(濕生)으로 변화하다. 습생은 생물의 4가지 생성형태 중 하나. 다른 3가지는 태생(胎生) 난생(卵生) 화생(化生)이다. 습생은 습한 곳에서 태어나는 생명체. 곧 지렁이, 이, 벼룩 따위.

아. 백전(百錢)을 써서 하나의 공덕에 해당되는 일

자신의 돈을 사용하여 공덕을 이루는 것이 있는데 그 종류가 10가지 있으며 아래와 같다.

(**돈을 뿌리는 일로 공덕을 헤아리니, 곡식과 비단 따위도 여기에 해당된다.**)

- 길과 다리와 나루터를 수리하고 만드는 일
- 강을 트고 우물을 파서 대중을 구제하는 일.
- 성상(聖像)과 제단과 공양물 따위를 수리하고 안치하는 일(남에게 베풀어 남이 수리하고 안치하면 공덕이 절반으로 준다).
- 남이 맡긴 것을 원래의 주인에게 돌려주는 일(백전 이하도 또한 해당된다).
- 빚을 탕감해 주는 일.
- 사람들에게 사람을 구제하는 문서를 돌려지게 하는 일.
- 공을 들여 죽은 사람의 혼을 좋은 곳으로 가게 하는 일.
- 빈궁한 이들을 먹여주는 일.
- 창고를 지어 곡물의 가격을 조절하는 일.
- 차, 약, 옷, 널 등 모든 것을 베풀어 주는 일.

▨'길과 다리와 나루터를 수리하고 만드는 일'은 자신의 돈을 들여서 대중이 사용하는 길이나 다리나 강의 나루터를 수리하여 대중이 편안하게 다닐 수 있게 하는 일이다.

'강을 트고 우물을 파서 대중을 구제하는 일'은 자신의 돈을 들여 강의 막힌 곳을 터주고 공동우물을 파서 대중들이 자유롭게 사용할 수 있게 하는 것이다.

'성상(聖像)과 제단과 공양물 따위를 수리하고 안치하는 일'은 자신의 돈으로 직접 성인(聖人)들의 동상이나 성인을 모시는 제단 등을 수리하고 보존하며 또는 그에 바치는 공양물을 잘 안치하는 일로 자신이 돈만 대고 다른 사람을 시키면 공덕이 2분의 1로 줄어든다.

'남이 맡긴 것을 원래의 주인에게 돌려주는 일'은 남이 맡긴 돈이나 고귀한 물품을 원래 그대로 잘 보관했다가 되돌려 주는 일이다.

'빚을 탕감해 주는 일'은 자신의 돈으로 억울하고 어려운 사정의 채무를 갚아주는 것이다.

'사람들에게 사람을 구제하는 문서를 돌려지게 하는 일'은 억울한 옥살이나 누명을 쓰고 갇혀 있는 사람을 위하여 구명운동을 하며 그 억울한 사연의 문서를 돌리는 일이다.

'공을 들여 죽은 사람의 혼을 좋은 곳으로 가게 하는 일'은 자신의 돈을 들여 불사를 일으켜서 죽은 원혼을 달래고 그들이 편안히 잠들도록 하는 일이다.

'빈궁한 이들을 먹여 주는 일'은 가난으로 굶주리는 사람들을 먹여 주어 배고픔을 면하게 해주는 일이다.

'창고를 지어 곡물의 가격을 조절하는 일'은 자신의 돈으로 창고를 지어서 가격이 하락하였을 때는 저장해 두고 가격이 오를 때는 내놓아 폭등하지 않도록 가격조절을 하는 일이다.

'차, 약, 옷, 널 등 모든 것을 베풀어 주는 일'은 자신의 돈으로 차나 약이나 옷가지나 관 등을 사서 없는 사람들에게 갈증을 해소하게 해주고 가엾은 환자에게 약을 주어 낫게 하고 거지에게 옷을 주어 따뜻하게 해주고 가난한 자에게 장사지낼 수 있도록 해주는 일이다.

제5장 공덕과 죄업의 조목〔功過格疑〕 147

　이상의 10가지는 자신의 돈을 사용하여 공덕을 쌓는 일로 이상의 10가지는 각각 하나의 공덕을 쌓는 일에 해당한다. 이상의 10가지를 하찮은 공덕이라고 생각하여 쌓지 않는 것보다는 쌓는 것이 많은 효용을 볼 수가 있는 것이다.

　　百錢[1]準一功(散錢積計 粟帛[2]之屬準此)
　　　修剙[3]道路橋渡
　　　疏河掘井濟衆
　　　修置聖像壇宇[4] 及供養等物(施與人轉修置者減半)
　　　還遺[5](百錢以下亦準)
　　　饒負[6]
　　　施行勸濟人文書
　　　作功果薦沈魂[7]
　　　賑窮
　　　建倉平糴[8]
　　　施茶藥衣棺等一切事

1) 百錢(백전) : 지금의 1천만원 정도.
2) 粟帛(속백) : 곡식이나 비단.
3) 修剙(수창) : 닦아서 세우다.
4) 聖像壇宇(성상단우) : 성인(聖人)의 동상이나 사당을 말한다.
5) 還遺(환유) : 남이 맡겨놓은 돈.
6) 饒負(요부) : 부채를 탕감해 주다.
7) 薦沈魂(천침혼) : 불공을 드려 죄지은 혼을 좋은 곳으로 인도하다.
8) 平糴(평적) : 관청에서 풍년에 보통가격으로 곡물을 사서 창고에 저장했다가 흉년에 방출하여 파는 것.

2. 허물의 50가지 표준

가. 백가지의 허물에 해당되는 일〔準百過〕

자신이 직접 행동하여 과오를 저질러서 100가지의 과오에 해당하는 죄업이 있는데 그것은 아래와 같다.
- 한 사람을 죽게 하는 일.
- 한 명의 부녀의 절개를 잃게 하는 일.
- 남을 도와 한 명의 자녀를 물에 빠져 죽게 하고, 한 명의 뱃속 아이를 죽게 하는 일.

▨ '한 사람을 죽게 하는 일'이란 곧 한 사람의 목숨을 끊게 하거나 자신으로 인해 남의 목숨을 버리게 된 것을 뜻한다.

'한 명의 부녀의 절개를 잃게 하는 일'이란 처녀를 창녀촌에 판다던가 강제로 겁탈을 한다던가 하여 그 여자에게 평생 원망을 가지고 살아가게 하는 것을 뜻한다.

'남을 도와 한 명의 자녀를 물에 빠져 죽게 하고, 한 명의 뱃속 아이를 죽게 하는 일'이란 남에게 피해를 주어 그 사람이 생활의 궁핍을 견디기 어려워 자식을 죽게 하는 상황까지 몰고 가거나 아무런 이유없이 낙태하려는 것을 도와주거나 부추기는 일이다.

이상의 3가지는 100가지 허물을 저지르는 죄업(罪業)에 해당하는 대단히 큰 죄과(罪科)이므로 각별히 신중을 기해야 한다.

準百過[1]

제5장 공덕과 죄업의 조목〔功過格疑〕 149

致一人死

失一婦女節[2]

讚助人溺一子墮一胎

1) 準百過(준백과) : 1백가지의 허물에 해당하는 일.
2) 女節(여절) : 여자의 절개를 꺾다.

나. 50가지의 허물에 해당되는 일〔準五十過〕

자신이 직접 행동하여 과오를 저질러 50가지의 죄업에 해당되는 것이 있는데 그것은 아래와 같다.

- 한 사람의 대를 끊는 일.
- 한 사람의 혼인을 깨는 일.
- 죽은 한 사람의 해골을 버려지도록 방치하는 일.
- 한 사람을 떠돌아 다니게 만드는 일.

'한 사람의 대를 끊는 일'이란 남의 가정의 독자를 죽여서 그 집안의 대를 잇지 못하게 하는 일이다.

'한 사람의 혼인을 깨는 일'이란 결혼 적령기의 남녀의 혼인을 가로막고 양쪽의 비리를 들춰서 결혼을 못하게 만드는 일이다.

'죽은 한 사람의 해골을 버려지도록 방치하는 일'이란 길거리나 산에서 죽은 사람의 시체를 유기하여 방치해 두는 일이다.

'한 사람을 떠돌아 다니게 만드는 일'이란 의지할 곳 없고 지낼 곳 없는 사람을 정착할 수 있도록 돕지 않고 계속 이곳 저곳으로 유리방랑하게 버려두는 일이다.

이상의 4가지 행동은 50가지 죄과(罪科)에 해당하는 아주 큰 죄업이므로 잘 새겨두어야 한다.

準五十過
　絶一人胤[1]
　破一人婚
　抛棄一人骸
　致一人流離

1) 胤(윤) : 집안의 제일 큰아들. 장자(長子).

다. 30가지의 허물에 해당되는 일〔準三十過〕

자신이 남의 행동을 방해하여 30가지의 죄업에 해당되는 것이 있는데 그것은 다음과 같다.

■ 한 사람의 계행(戒行 : 수도하는 일)을 무너뜨리는 일.
■ 비방하여 한 사람의 행동을 더럽히는 일.
■ 남의 비밀스런 사사로운 일을 적발하여 행동을 간섭하고 일을 그르치게 하는 일.

▨ '한 사람의 계행(戒行)을 무너뜨리는 일'이란 수도승을 파계하게 만드는 일이다.

'비방하여 한 사람의 행동을 더럽히는 일'이란 괜히 시기심이 발동하여 남을 비방하고 충동질하여 그 사람으로 하여금 나쁜 일에 빠지도록 하는 것이다.

'남의 비밀스런 사사로운 일을 적발하여 행동을 간섭하고 일을 그르치게 하는 일'이란 남의 비밀을 염탐하고 그것으로 그 사람들의 일을 그르치게 만드는 행동이다.

이상의 3가지 행동을 행하면 각각의 행동이 30가지의 죄과에 해당하는 것으로 자신을 신중히 되돌아보고 잘 살펴서 이러한 일이 없도록 해야 한다.

　準三十過
　　毀一人戒行[1]
　　造謗汙一人行
　　摘發陰私[2] 干行止事

1) 戒行(계행) : 계율을 잘 지켜 수행하는 일.
2) 陰私(음사) : 남몰래 사사로이 하는 일.

라. 10가지의 허물에 해당되는 일〔準十過〕

자신의 잘못된 판단이나 행동으로 10가지의 죄업에 해당되는 일이 있는데 그것은 아래와 같다.

■ 한 사람의 덕이 있는 이를 배척하는 일.
■ 한 명의 그릇된 사람을 천거하여 쓰는 일.
■ 한 명의 원래 절개를 잃은 여인을 받아들여 관계를 가지는 일.
■ 한 마리의 감정있는 생명체를 죽이는 도구를 갖춰놓는 일.

▨ '한 사람의 덕이 있는 이를 배척하는 일'이란 주위에 덕이 있고 신망이 있는 사람을 훼방하고 비방하여 따돌리는 행위이다.

'한 명의 그릇된 사람을 천거하여 쓰는 일'이란 높은 지위에 있으면서 나쁜 사람인 줄 알고도 자신의 지위를 유지하기 위하여 그 나쁜 사람을 등용하는 것이다.

'한 명의 원래 절개를 잃은 여인을 받아들여 관계를 가지는 일'이란 여염집 아낙네를 강제로 추행하거나 창녀들과 관계를 갖는 등 절개를 잃은 여인들을 계속 가까이하여 음란을 즐기는 것이다.

'한 마리의 감정있는 생명체를 죽이는 도구를 갖춰놓는 일'이란 동물들을 죽이기 위한 기구를 갖추어 놓고 자주 그 동물사냥을 하여 많이 죽이는 일을 하는 것이다.

이상의 4가지 행동은 10가지의 죄과에 해당하는 것으로 항상 살펴서 삼가해야 할 행동들이다.

準十過
  排擯一有德人
  薦用一匪人[1]
  受觸一原失節婦
  畜[2]一殺衆生[3]具

1) 匪人(비인) : 나쁜 사람. 그릇된 사람.
2) 畜(축) : 쌓아놓다. 놓아두다.
3) 衆生(중생) : 감정이 있는 생명체.

마. 5가지의 허물에 해당되는 일〔準五過〕

자신의 잘못된 사고나 판단 또는 방관이나 잘못된 행동으로 5가지의 죄업에 해당되는 일이 있는데 그것은 아래와 같다.

- 한 권의 경전이나 귀감이 되는 책을 훼손시키는 일.
- 한 권의 교화를 상하게 하는 책을 편찬하는 일.
- 남의 억울한 것을 밝혀줄 수 있는데도 밝혀주지 않는 일.
- 구제해 줄 것을 요청하는 한 병자를 만나고도 구제해 주지 않는 일.

- 한 사람을 꾀어 소송하게 하는 일.
- 한 사람에게 별명을 지어주고, 그 사람에 대하여 뜬소문을 퍼뜨리는 일.
- 나쁜 말로 남을 헐뜯는 짓을 하는 일.
- 길과 다리와 나루터를 막거나 끊는 일.
- 하나의 힘을 가지고 사람에게 보답하는 가축의 목숨을 끊는 일.

▨ '한 권의 경전이나 귀감이 되는 책을 훼손시키는 일'은 성인(聖人)이나 현인(賢人)의 저술이나 그밖의 사회에 규범이 되는 저서를 파기시키는 것이다.

'한 권의 교화를 상하게 하는 책을 편찬하는 일'은 사회의 미풍양속을 해치는 음란한 저서나 그밖의 나쁜 영향을 미치는 저서를 내놓는 것이다.

'남의 억울한 것을 밝혀줄 수 있는데도 밝혀주지 않는 일'은 높은 직책에 있으면서 억울한 사연을 접하고 그 억울한 것을 밝혀줄 수 있는데도 그것을 밝혀 누명을 씻어주지 않는 것이다.

'구제해 줄 것을 요청하는 한 병자를 만나고도 구제해 주지 않는 일'은 위급한 환자가 있어서 길에서 죽어가는데도 돌보아주지 않거나 병원으로 이송시키지 않는 일이다.

'한 사람을 꾀어 소송하게 하는 일'은 주위에 서로 다투는 사람을 부추겨서 재판을 하게 만드는 일이다.

'한 사람에게 별명을 지어주고 그 사람에 대하여 뜬소문을 퍼뜨리는 일'은 자신이 그 사람의 별명을 붙여주고 그 뜻을 왜곡하여 다른 사람에게 뜬소문을 퍼뜨려서 해롭게 하는 일이다.

'나쁜 말로 남을 헐뜯는 짓을 하는 일'은 남을 모함하거나 쓸데없는 말을 전하여 남을 해롭게 하는 일이다.

　'길과 다리와 나루터를 막거나 끊는 일'은 대중이 다니는 다리나 도로나 나루터를 막고 훼손시켜 많은 사람들이 다니는데 불편하게 하는 일이다.

　'하나의 힘을 가지고 사람에게 보답하는 가축의 목숨을 끊는 일'은 가축을 이유없이 죽이거나 쓸데없이 잡아서 버리는 일이다.

　이상의 9가지 행동들은 다 5가지의 과오에 해당하는 것들로 사소한 일인 것 같으나 큰 과오에 해당한다. 잘 살펴서 각별히 주의를 기울여야 한다.

　　準五過
　　　毀滅一經法
　　　編纂一傷化詞傳[1]
　　　冤得白不白
　　　遇一病告救不救
　　　唆[2]一人訟
　　　造一人諢名謠語[3]
　　　惡口犯人[4]
　　　阻截道路橋渡
　　　殺一有力報人之畜命

1) 詞傳(사전) : 시나 문장을 기록한 것.
2) 唆(사) : 꾀이다. 교사하다.
3) 諢名謠語(원명요어) : 원명은 별명. 또는 작호. 요어는 허튼소리를 퍼뜨리는 것.
4) 犯人(범인) : 남을 해치다.

바. 3가지의 허물에 해당되는 일〔準三過〕

자신의 잘못된 판단이나 남을 이간시키고 본의 아니게 3가지 업을 얻는 일이 있는데 그것은 아래와 같다.

- 한 번 귀에 거슬리는 말에 대하여 성을 내는 일.
- 한 번 높은 사람과 낮은 사람의 차례를 어기는 일.
- 술에 취하여 한 사람을 범하는 일.
- 마땅히 때리고 꾸짖지 말아야 할 사람을 때리는 일.
- 양쪽으로 다니며 서로 다른 말을 하여 사람을 이간시키는 일.
- 한 번 법복(法服)이 아닌 옷을 입는 일.
- 하나의 힘은 없으나 사람에게 보답하는 가축의 목숨을 끊는 일.

'한 번 귀에 거슬리는 말에 대하여 성을 내는 일'은 주위의 어떤 사람이 자신을 책망하는데 대해 그것을 받아들이지 못하고 화를 내는 일이다.

'한 번 높은 사람과 낮은 사람의 차례를 어기는 일'은 자신의 위치를 모르고 천방지축으로 날뛰어 상하의 구분을 못하고 질서를 지키지 않는 것이다.

'술에 취하여 한 사람을 범하는 일'은 술에 만취하여 위아래의 구분을 못하고 행패를 부려 나이 많은 사람에게 폭행을 가하는 것이다.

'마땅히 때리고 꾸짖지 말아야 할 사람을 때리는 일'은 착한 사람으로 아무런 손해나 해를 끼치지 않는 사람인데도 자신의 비위에 거슬린다고 꾸짖고 때리고 함부로 하는 것이다.

'양쪽으로 다니며 서로 다른 말을 하여 사람을 이간시키는 일'은 이쪽으로 가서는 이 말을 하고 저편에 가서는 다른 말을 전하여 서로 싸우게 만들어 서로가 적이 되게 하는 일이다.

'한 번 법복(法服)이 아닌 옷을 입는 일'은 사회의 정상적인 옷이 아니고 미풍양속을 해치거나 자라나는 어린이들에게 해악이 될 만한 의복을 걸치고 다니는 일이다.

'하나의 힘은 없으나 사람에게 보답하는 가축의 목숨을 끊는 일'은 집안에서 기르는 축생의 목숨을 아무런 이유도 없이 몰래 죽이거나 해치는 일이다.

이상의 7가지는 보통 사람들이 일상적으로 대하게 되는 일들로 잠깐 참으면 충분히 이겨낼 수 있는 일들로 한 번 더 노력하여 과오를 범하지 말아야 한다. 사소한 일인 것 같으나 그 사소한 일을 범하면 3가지의 허물을 갖게 되는 것들이다. 자세히 살펴서 자신을 성찰하고 어기는 일이 없도록 해야 한다.

準三過
嗔一逆耳
乖一尊卑次
醉犯一人
撲一人不應撲責人
兩舌[1]離間人
服一非法服[2]
殺一無力報人之畜命

1) 兩舌(양설) : 이쪽에서는 이 말을 하고 저쪽에서는 저 말을 하는 것.
2) 法服(법복) : 제정된 정식의 의복, 제복.

사. 한 가지의 허물에 해당되는 일〔準一過〕

사소한 일로 한 가지의 죄업을 보태는 일이 12가지나 있는데 그 내용은 아래와 같다.

- 한 사람의 착한 일을 없애버리는 일.
- 한 사람을 꾀어서 다투게 하는 일.
- 한 사람의 나쁜 일을 퍼뜨리는 일.
- 한 가지 나쁜 짓을 저지르는 사람을 돕는 일.
- 한 명의 도둑을 보고도 권하여 막지 않는 일.
- 남에게 물어보지도 않고 남의 바늘 한 개나 풀 한 포기라도 취하는 일.
- 한 명의 무식한 사람을 속이는 일.
- 약속을 한 번 저버리는 일.
- 예의를 한 번 잃는 일.
- 한 사람이 근심하고 놀라는 것을 보고도, 그의 근심을 위로하지 않고 그의 놀라는 것을 풀어주지 않는 일.
- 사람과 가축을 부리면서 그들이 피곤해 할 때 불쌍히 여기지 않는 일.
- 한 마리 미세한, 습지에서 태어나 붙어사는 목숨이라도 죽이는 일.

▨ '한 사람의 착한 일을 없애버리는 일'은 주위의 어떤 사람이 좋은 일을 했는데도 그것을 칭찬하지 않고 남이 모르도록 숨겨 드러내지 않는 것이다.

'한 사람을 꾀어서 다투게 하는 일'은 주위의 어떤 사람을 꾀어서 남과 다투게 모략하는 일이다.

'한 사람의 나쁜 일을 퍼뜨리는 일'은 자신의 주위에 어떤 사람이 좋지 않은 일을 했는데 그것을 감춰주지 않고 폭로하여 여러 사람들에게 망신을 당하게 하는 것이다.

'한 가지 나쁜 짓을 저지르는 사람을 돕는 일'은 주위의 어떤 사람이 나쁜 일을 도모하는데 그것을 말려 그치게 하지 않고 오히려 권장하여 나쁜 일을 하도록 부추기고 돕는 것이다.

'한 명의 도둑을 보고도 권하여 막지 않는 일'은 도둑질하는 사람을 보거나 그가 도둑질을 했다는 것을 알고도 도둑질하는 것을 말리지 않고 그냥 방관하는 것이다.

'남에게 물어보지도 않고 남의 바늘 한 개나 풀 한 포기라도 취하는 일'은 남의 것을 하찮은 것이라도 몰래 취하거나 가져서는 안된다는 것이다.

'한 명의 무식한 사람을 속이는 일'은 자신이 조금 안다고 자신보다 모자라는 사람들을 기만하고 속이는 일이다.

'약속을 한 번 저버리는 일'은 사람과 약속을 하고도 그 약속을 지키지 않는 것이다.

'예의를 한 번 잃는 일'은 위아래의 차례나 공중도덕 같은 것을 잘 지켜야 한다는 것이다.

'한 사람이 근심하고 놀라는 것을 보고도, 그의 근심을 위로하지 않고 그의 놀라는 것을 것을 풀어주지 않는 일'은 자신의 주위에 어떤 사람이 근심이 있거나 놀랄 일이 있는데도 그것을 같이 근심하지 않거나 또는 왜 놀라는지를 파악하여 해결해 주지 않는 것이다.

'사람과 가축을 부리면서 그들이 피곤해 할 때 불쌍히 여기지 않는 일'은 하인을 부리거나 소나 말 등의 가축을 부릴 때 너무 지쳐서

허덕이며 무척 힘들어 하는 데도 음식을 주거나 휴식을 취하게 하지 않고 몰인정하게 학대하는 것이다.

'한 마리 미세한, 습지에서 태어나 붙어사는 목숨이라도 죽이는 일'은 미생물이라도 목숨이 붙어있는 생물을 아무런 이유없이 죽이거나 그들의 살 집을 없애는 일이다.

이상의 12가지는 보통 사람들의 사이에서 자주 있는 일이다. 하찮은 것 같은 일이나 이것도 아주 중요한 일들이다.

극락의 세계가 있다면 지옥의 세계도 있는 것이다. 극락과 지옥이란 미세한 차이에서 갈라지는 것이다. 하나의 하찮은 과오가 그대의 극락과 지옥을 선택받는 일을 좌우할 수도 있다.

　準一過
　　沒一人善
　　唆一人爭
　　播一人惡
　　讚助人非爲一事
　　見一盜不勸阻
　　不問取人一鍼一艸[1]
　　欺誑一無識
　　負一約
　　失一儀[2]
　　見一人憂驚不慰釋
　　役人畜不憐疲頓一時
　　殺一微細濕化之屬命[3]

1) 一鍼一艸(일침일초) : 바늘 한 개나 한 포기의 풀.

2) 儀(의) : 거동. 곧 행동거지.
3) 屬命(속명) : 따라붙은 생명.

아. 백전(百錢)으로 하나의 허물에 해당되는 일

돈으로 말미암아 죄업을 하나 더 보태는 일이 모두 8가지가 있는데 그것은 아래와 같다.

■ 돈으로 험하게 천연의 산물을 없애는 일.
■ 남의 성공을 무너뜨리는 일.
■ 대중을 배반하고 이익을 받는 일.
■ 사치스럽게 남의 돈을 쓰는 일.
■ 빌린 돈이나 물건을 갚지 않는 일.
■ 남이 맡긴 것을 감추고 돌려주지 않는 일(백전 이하도 또한 해당된다).
■ 공적인 것으로 인하여 세력을 믿고 남에게 돈이나 물건을 요구하는 일.
■ 남의 돈과 재물과 도구를 취하는 방법과 이와 비슷한 모든 일을 교묘히(남이 잘 알지 못하게) 일으키는 것.

▨ '돈으로 험하게 천연의 산물을 없애는 일'은 자연이 창조한 아름다운 경치를 훼손하고 파괴하여 흉하게 만드는 일이다.

'남의 성공을 무너뜨리는 일'은 주위의 어떤 사람이 노력하여 이루어놓은 사업을 방해하여 실패하게 하거나 또는 좋을 일을 공들여 이루어 놓았는데 그것을 무너뜨리거나 없애버리는 것이다.

'대중을 배반하고 이익을 받는 일'은 사회운동을 한다면서 자신의 안락만을 위하여 많은 사람들에게 고통을 주는 일을 하는 것이다.

'사치스럽게 남의 돈을 쓰는 일'은 자신의 것이 아니라고 남의 돈을 멋대로 낭비하여 사치와 음란을 일삼는 것이다.

'빌린 돈이나 물건을 갚지 않는 일'은 남에게 돈을 빌리고도 그것을 갚을 생각조차 하지 않고 물건을 빌렸으면서도 전혀 돌려주지 않는 것이다.

'남이 맡긴 것을 감추고 돌려주지 않는 일'은 주위의 어떤 사람이 부득이 물건을 보관해 달라고 했는데 그것을 감추고 받지 않았다고 한다던가 또는 숨기고 없다고 하는 것이다.

'공적인 것으로 인하여 세력을 믿고 남에게 돈이나 물건을 요구하는 일'은 공직에 있는 신분을 이용하여 남에게 촌지를 요구하거나 뇌물을 요구하는 것으로 권력자의 밑에 있으면서 그것을 빙자하여 남의 재물을 강탈하는 것이다.

'남의 돈과 재물과 도구를 취하는 방법과 이와 비슷한 모든 일을 교묘히 일으키는 것'은 공직에 있으면서 주인이 없는 돈이나 재물 등을 빼돌리고 부정을 저지르거나 또는 교묘한 방법으로 부정을 저질러 공공의 재산을 남이 모르도록 교묘하게 탈취하는 것이다.

이상의 8가지는 부자(富者)가 저지르는 죄업으로써 삼가해야 할 것들이다. 앞에서도 말했듯이 극락과 지옥의 차이는 공덕이 많으냐 죄업이 많으냐의 차이에도 있겠으나 특별한 죄과 때문에 지옥으로 가는 수도 있는데 이것은 이상의 8가지 죄과도 이에 속한다. 대수롭지 않게 여길지 모르지만 모든 것의 기준은 어디에 두느냐의 판단에 따라 결정지어지는 것으로 가볍게 여겨서는 안될 죄과들이다. 부를 가진 사람들이 깊이 성찰해 볼 것들이다.

百錢準一過

暴殄天物[1]

毀壞人成功

背衆受利[2]

侈用他錢

負貸[3]

匿遺(百錢以下亦準)

因公恃勢乞索[4]

巧作取人錢資具方法一切事

1) 暴殄天物(포진천물) : 하늘이 만든 물건들을 함부로 훼손하다.
2) 受利(수리) : 이익을 받다. 여기서는 혼자만 받다.
3) 負貸(부대) : 부채를 지고 또 남의 돈을 꾸는 것.
4) 乞索(걸색) : 빌어서 찾다.

자. 공덕과 과실의 실적 〈도표 참조〉

공덕과 허물의 표준 양식을 받아서 가진 이는, 매일 저녁 당일의 공덕과 허물의 표준 아래에서 밝게 당일에 행한 공덕과 허물을 적되 혹 양식에 미치지 못한 것이 있으면 양식의 아무 예를 인용한다고 말한다. 월말에 서로 비교하여 서로 절충하여 제외시킨 나머지에서 공덕과 허물의 많고 적음을 보아, 연말에 모두를 비교하면 스스로 죄와 복을 알 수 있다.

受持[1]者 每晚於本日格下 明註功過 或未及款 云引某例 月終相比 折除之外 明見多寡 年終總比 自知罪福

1) 受持(수지) : 받아서 가지다.

제5장 공덕과 죄업의 조목〔功過格疑〕 163

※ 공적과 과실의 실적 기록부〔운곡선사전(雲谷禪師傳)〕	
숭정(崇禎) 연(年) 월(月) 일(日) 공선(共善) 공과(共過)	
1일(初一日)	2일(初二日)
3일(初三日)	4일(初四日)
5일(初五日)	6일(初六日)
7일(初七日)	8일(初八日)
9일(初九日)	10일(初十日)
11일(十一日)	12일(十二日)
13일(十三日)	14일(十四日)
15일(十五日)	16일(十六日)
17일(十七日)	18일(十八日)
19일(十九日)	20일(二十日)
21일(卄一日)	22일(卄二日)
23일(卄三日)	24일(卄四日)
25일(卄五日)	26일(卄六日)
27일(卄七日)	28일(卄八日)
29일(卄九日)	30일(三十日)

※ 이상의 날짜마다 공덕과 과오를 적어서 기재하고 매월 말일마다 공적과 과오를 서로 계산하여 과오를 고치고 또 그 해의 마지막 날에 한 해의 결산을 하여 공적과 과오를 평가하여 과오를 시정한다.
이것은 운곡선사(雲谷禪師)가 전하는 것이다.

제6장 부록(附錄)

1. 과거 합격의 중요한 언어(決科要語)

휴녕(休寧) 땅에 사는 한 선비가 있었다. 성은 정(程)씨요, 이름은 학성(學聖)이다. 홍갑(洪甲)을 스승으로 섬겨 자못 도리에 밝았고 마음을 세워 절조있게 행동하고 남에게 아첨하며 굽히는 일이 없었다. 중년이 된 이후로는 정신이 저승으로 가 노닐며 뇌부판관(雷部判官)의 직책을 맡아보았다.

정학성이 사람의 죽을 시기를 말하면 달이나 날과 시각이 틀리지 않았다. 혹 한 그루 나무가 벼락을 맞을지라도 또한 정학성이 먼저 스승에게 말했는데 영험하지 않은 것이 없었다.

그러나 단지 홍갑선생에게만 이야기했다. 곧 다른 사람들은 참여해서도 정학성의 말을 듣지 못했다.

홍갑선생이 이로 인하여 스스로 자기의 궁극적인 생의 끝마침을 살펴보아 달라고 했다.

정학성이 대답했다.

"선생님은 지금의 세상에서는 지위가 낮습니다. 다만 저승에서는 선생님을 중시하여, 장차 선생님을 염라대왕의 스승으로 삼을 것입니다."

홍갑선생이 웃으면서 말했다.
"과연 그렇다면 내가 바로 편하게 염라대왕의 스승이 되지."
이날밤 홍갑선생이 급히 피곤하게 졸았다. 홍갑선생의 종이 뜰 가운데에 벼슬아치같은 사람 여러명이 서있는 것을 보았는데, 한참 지나서 그들이 물러갔다. 그러자 홍선생도 또한 원래대로 편안하게 되었다.
다음날 아침 정학성이 와서 홍갑선생에게 말했다.
"선생님은 아십니까? 저승의 염라대왕이 선생님께서 바로 자기의 스승이 되겠다고 말씀하시는 것을 듣고, 드디어 선생님을 맞이하러 사자를 보냈습니다. 저는 선생님께 장난하는 말을 올렸을 뿐입니다. 선생님은 저승에 가실 시기가 아직 아득한데 저승으로 곧바로 소환되셨던 것입니다."
정학성이 홍선생에게 앞뒤로 한 말을 홍갑선생은 대부분 누설하지 않았다. 오직 반설송(潘雪松)과 축석림(祝石林) 두 사람이 본래 홍갑선생과 잘 지냈다. 다 배움을 쌓아 보통 사람들보다 학문이 더욱 뛰어났으나 과거에 합격하지 못했다.
홍갑선생이 정학성에게 두 사람이 과거에 합격하지 못하는 연유를 알 수 있는지 물으니, 정학성이 대답했다.
"이것은 저의 직책이 아닙니다. 그러나 남에게 맡겨 자세히 알아보게 할 수 있습니다."
이틀이 지나서 정학성이 홍갑선생에게 알려 주었다.
"반선생은 계미년(癸未年) 과거에 합격합니다만 축선생은 아직 합격하지 못합니다."
계미년에 반설송이 과연 과거에 합격했다. 홍갑선생이 또 정학성에게 축석림을 위하여 알아보도록 했다.

정학성이 대답했다.

"하늘에서 과거의 합격자 명단이 정해지지 않았습니다. 정해지기를 기다려 곧 알아볼 수 있습니다. 대체로 인간 세상의 봄의 과거시험 합격자 명단은 전년의 시월에 하늘에서 정해지고, 가을의 과거시험 합격자 명단은 그해의 정월에 정해집니다."

홍갑선생이 그의 말을 적어두었다가 을유년(乙酉年) 시월이 되자 또 정학성에게 알아보도록 했다. 정학성이 보고했다.

"두 차례의 과거 합격자 명단을 보았는데 먼저 병술년(丙戌年) 명단에는 축선생의 이름이 없고 다음 기축년(己丑年) 명단에 축선생의 이름이 있습니다. 비록 그러하나 두 과거의 합격자 명단 속에는 이동과 증감이 있습니다. 이것은 또 합격자 발표를 기다린 뒤에야 곧 결정됩니다."

홍갑선생이 그 까닭을 물으니, 정학성이 말했다.

"저승에서 이승 사람의 선과 악을 의논하는 데에 어찌 다만 인물만 품평하겠습니까? 평생 착한 일을 했을지라도 문득 한 번 나쁜 생각을 하면 신(神)이 곧 그 더러운 것을 미워합니다. 평생 착하지 못한 일을 했을지라도 어느 시기에 이르러 맹렬하게 반성하고 뼈아프게 잘못을 고치면 신(神)은 곧 그 덕행을 비춰봅니다. 과거시험의 일은 전문적으로 문창성(文昌星)의 관할에 속해 있습니다. 무릇 글 잘하는 사람은 다 문창성의 인명부에 올라 있습니다.

어찌 유독 본인의 품행을 터럭 만큼도 숨길 수 있겠습니까. 비록 그 아버지, 조부, 증조, 고조의 하나의 선행과 하나의 악행일지라도, 신의 장부에 다 적혀져 있습니다.

또 어찌 유독 그 사람의 선과 악의 큰 것만을 버리지 않고 적겠습니까? 비록 그의 마음 속에 숨긴 작은 생각과 한마디 말과 미세한 행동일지라도 신은 다 통찰합니다.

이것으로써 경중을 비교하고 거취를 짐작하여 헤아리는데 조금의 오류도 없습니다. 그 사람이 착하지 않은 데도 과거에 합격하는 경우는, 곧 그 사람의 조상의 덕이 훌륭하기 때문입니다. 혹 착한 사람이 과거에 합격하지 못하는 것은, 곧 그의 조상의 덕이 모자라기 때문입니다.

그 사람이 방탕하고 거리낌이 없을지라도, 곧 그 마음 속이 강직하고 독한 심보가 없다면 오히려 곧 그 사람을 신(神)은 취합니다. 혹 순순하게 바른 행동을 가지는 듯하고 겉으로는 비록 착하나 속마음이 정직하지 못하면 이런 사람들은 대부분 신에게 버림을 받습니다.

이미 과거의 합격자 명단에 이름이 올랐다가도 문득 그 사람의 이름을 명단에서 없애는 것은 그 사람의 새로운 생각이 불길하기 때문입니다. 본래는 과거에 합격할 분수가 없으나 문득 분수를 가지는 것은 그 사람의 새로운 생각이 착한 일로 옮겨졌기 때문입니다.

하늘의 고찰은 일찍이 잠깐의 멈춤도 없었습니다.

지금 두 차례의 과거시험 합격자 명단은 바로 이동 중에 있습니다. 저는 축선생이 과거에 합격할 분수를 지니고 있다는 것은 알지만 병술년에 합격할 것인지 기축년에 합격할 것인지는 알 수 없습니다."

축석림은 기축년이 되자 곧 과거에 합격했다.

반설송은 나와 같은 나이의 벗인데 풍개지(馮開之)가 취한 선비이다. 축석림은 곧 내가 발탁했다.

하루는 축석림에게 가서 정학성에 대한 모든 이야기를 두루 듣고, 나는 이에 마음 속으로 스스로를 경계할 것을 생각했다.

내 어릴 때를 추억하면 돌아가신 아버지에게 과거수업을 받았는데, 늘 한밤이 될 때까지 아버지의 강의를 듣고 잠을 자지 않으며 아침까지 기다렸다.

글을 좀 지을 때가 되어서는 내 글을 아버지에게 바쳐 당신을 기쁘게 해드렸다.

또 돌아가신 나의 어머니를 보면 병이 많았는데, 밤마다 사람들이 고요히 지낼 때, 수도의 거리로 나가 머리를 조아리고 내가 일찍 과거시험에 합격하도록 소원을 빌었다. 나는 직접 그 광경을 보았다.

이때 나는 생각마다 오직 어버이를 사랑하는 것만 있었지 다른 생각은 없었다. 내가 향시에 합격했을 때 내 나이 21살이었다. 그뒤 여러번 예부(禮部)에서 주관하는 과거에 응시하였으나 합격하지 못했다.

나는 곧 분연히 말했다.

"내 생각에 어긋남이 있지 않겠는가?"

하고는, 나는 곧 불상 앞에서 아침 저녁으로 말없이 속으로 빌었다.

"제가 부귀에 뜻을 두고 도덕에 뜻을 두지 않으며 저 자신의 집안을 위하고 백성들을 위하지 않을 것 같으면, 위로는 우리 임금을 저버리고 아래로는 우리 어버이를 저버리는 것입니다. 신명께서는 밝게 비춰보시옵소서!"

2년 뒤에 나는 다시 과거에 응시하여 합격했다.

지금 정학성이 저승의 일을 말한 바를 보면, 나의 경우와 또한 몰래 부합되는 점이 있다. 그러나 나 혼자의 경우만 이런 것이 아니다.

무릇 과거에 합격하면 찬란한 명예와 공적이 있고, 뜻이 커서 작은 일에 구애되지 않고, 세상에서 몸이 대우를 받는다. 합격자는 마음을 세우고 스스로를 다스리며 다 마음 속에 큰 소원을 지니고 일찍이 가볍게 남에게 말을 한 적이 없었다.

내가 어찌 감히 가볍게 남에게 말하겠는가? 내가 어찌 감히 가볍게 남에게 말하겠는가?

마당에 남은 곡식이 있으면 새가 그 무리들을 불러 함께 쪼아먹고, 들에 맛있는 풀이 있으면 사슴이 그 동류를 부르는 울음소리를 내어 함께 뜯어먹는 것은 그들의 성품이다.

지금 선비들은 나의 동지들이다. 내가 들은 바를 어찌 차마 알려주지 않겠는가?

내가 이로써 정학성의 말과 내가 마음 속에 경계했던 것들을 차례대로 모든 선비들에게 알리는 것은, 선비들로 하여금 과거의 합격을 결정하는 도는 마음을 세우고 신을 감동시키는 것을 근본으로 삼으며 경전을 널리 외우고 글을 짓는 일은 그 다음으로 삼는다는 것을 깨닫게 하기 위한 것이다.

-양정복(揚貞復) 선생 지음-

揚貞復先生撰
休寧有一儒士 程其姓 學聖其名 師事洪甲 頗明道理 立心操行無諂曲 中年以後 游神冥府 職雷部判官 言人死期 月日時刻不爽 或一樹當擊 亦先與師言之 無不驗 然止對洪言 即他人弗與聞 洪因自審究竟 對曰 先生今世祿薄 但冥府重先生 將以先生爲閻君[1]

師 洪笑曰 果爾 吾便爲之 是夕洪遽困頓 僕者見庭下[2] 如官吏立者數員 良久卻去 洪亦安 達旦學聖至 謂洪曰 先生知否 冥府聞先生便爲之語 遂遣使者迎先生 予謂先生戲言耳 期尙遠也 乃召還前後所言於洪者 洪多不洩 惟潘雪松祝石林二人 素與洪好 皆積學逾强而不第 洪問學聖 能知是事否 對曰 此非吾職 然可托稽也 居二日 告洪曰 潘公中癸未榜矣 祝尙未在 癸未雪松果第 洪又命爲石林稽之 學聖對曰 天榜未定 待定乃可 大凡春榜定于先年之十月 秋榜定于當年之正月 洪記其言 至乙酉之十月 又命之 學聖報曰 見兩榜矣 上丙戌榜也 無祝公 次己丑榜也 有之 雖然兩榜之中 尙有那移增減 此又待揭曉[3]乃定 洪問其故 學聖曰 冥中議論陽間人善惡 何止月旦評[4]哉 平生爲善 忽有一念之惡 神卽惡其穢 平生爲不善 至此猛省痛改 神卽鑒其馨 至于科甲[5]一事 專屬文昌[6] 凡能文之人 咸登其籍[7] 寧獨本人心行[8] 毫不可隱 雖其父祖曾高之一善一惡 皆籍註也 又寧獨其人善惡之大者不或遺 雖其隱衷微念 片語細行 皆洞悉也 以此比較輕重 酌量去取 無錙銖少謬 有其人不善而乃第者 因其祖父之德勝也 或善人不第 則祖父之德不足也 有其人浪蕩[9]欠檢束 乃其心中鯁[10]直無毒腸 卻乃取 或循循有執持 外貌雖善 中情不直 多見棄 有已上榜而忽除名者 新念不吉也 有本無分而忽有分者 新念遷善也 天家考察 曾無頃刻之停 今兩榜正在那移之間 吾能知祝公之有分 而不能知戌丑之所定也 石林至已丑乃第焉 雪松爲予年友 馮開之所取士 石林則予拔之 一日過石林 備聞諸語 予乃有警于中 憶予年少時 受擧子業[11]於先君 常聽講至夜分[12] 不寐待旦 至發揮于文字之間 呈之以懼先君 又見先母多病 每夜須人靜出天街[13]上 叩禱願早登第 及吾親見之 是時念念惟在愛親 無他念也 予登鄕榜時 年二十有一 其後累赴春官[14]不第 乃奮然

曰 得非吾念頭有差乎 乃于佛前 朝夕默禱曰 有如志富貴不志道德 爲身家不爲生民 上負吾君 下負吾親者 神明鑒之 蓋三年復第 今以程君所言冥事觀之 予亦有暗合焉 抑非獨予也 凡登第有盛名事功 磊磊落落[15] 軒重人世者 其立心自治 咸有大願于中 而未嘗輕以語人也 予何敢輕語人也 予何敢輕語人哉 夫場有餘粟 則鳥呼其群而共啄 野有美芔 則鹿呦其類而共食 其性然也 今士人吾同氣[16]也 予有所聞 寧忍不以告乎 予是以次程君之語 及予所警于中者 以爲諸士告 俾悟決科之道 以立心格神爲本 而博誦作文次之也

1) 閻君(염군) : 염라대왕.
2) 下(하) : 가운데의 뜻.
3) 揭曉(게효) : 시험의 합격자 명단을 발표하는 것.
4) 月旦評(월단평) : 인물을 품평하는 것.
5) 科甲(과갑) : 과거(科擧).
6) 文昌(문창) : 과거시험과 문운(文運)을 주관하는 별. 문창성(文昌星).
7) 籍(적) : 인명부(人名簿).
8) 心行(심행) : 품행.
9) 浪蕩(낭탕) : 방탕.
10) 鯁(경) : 가시가 세다.
11) 擧子業(거자업) : 과거 공부.
12) 夜分(야분) : 한밤중.
13) 天街(천가) : 수도의 거리.
14) 春官(춘관) : 예부(禮部)의 별칭.
15) 磊磊落落(뢰뢰락락) : 공명정대한 모양.
16) 同氣(동기) : 동지(同志).

시간과 공간을 초월하여
영원한 고전으로 남아질 수 있는
과거속의 유산을 캐내어
메마른 우리들의 마음밭을
기름지게 가꾸어 줄 수 있는—

자유문고의 책들

1. 정관정요
오 긍 지음/편집부 해역

당나라 이후 중국의 역대왕실이 모든 제왕의 통치철학으로 삼아오던 이 저서는 일본으로 건너가 「도꾸가와 이에야스(德川家康)」가 일본 통일의 기틀을 마련하는데 큰 힘이 되었다. 〈5쇄〉

● 258쪽/값 6,000원

2. 식 경
조병채 편역

어떤 음식을 어떻게 섭취하면 몸에 좋은가? 어떻게 하면 건강하게 무병장수 할 수 있는가 등등. 옛 중국인들의 음식물 조리와 저장방법 등 예방의학적 관점에서 그 해답을 얻을 수 있다. 〈5쇄〉

● 258쪽/값 6,000원

3. 십팔사략
증선지 지음/편집부 편역

고대 중국의 3황 5제에서부터 송나라 말기까지 유구한 역사의 노정에서 격랑에 휘말린 인물과 사건을 시대별로 나눈 5천년 중국사를 한눈에 볼 수 있는 역사서. 〈6쇄〉

● 258쪽/값 6,000원

4. 소 학
조형남 해역

자녀들의 인격 완성을 위하여 성인이 되기 전 한번쯤 읽어야 하는 고전. 아름다운 말, 착한 행동, 교육의 기초 등, 인간이 지켜야 할 예절과 우리 선조들의 예의범절을 되돌아 볼 수 있다. 〈4쇄〉

● 328쪽/값 7,000원

5. 대 학
편집부 해역

사회생활에서 지도자가 되거나 조직의 일원이 될 때 행동과 처세, 자신의 수양, 상하의 관계 등에 도움은 물론, 훌륭한 지도자로 성장할 수 있도록하는 조직관리의 길잡이이다. 〈3쇄〉

● 150쪽/값 5,000원

6. 중 용
曺康煥 해역

인간의 성(性)·도(道)·교(敎)의 구체적인 사항을 제시하였다. 도(道)와 중화(中和)는 항상 성(誠)을 가지고 살아가야 한다는 것과 귀신에 대한 문제 등이 심도있게 논의됐다. 〈3쇄〉

● 168쪽/값 5,000원

7. 신음어
呂 坤 지음/편집부 편역

한 국가를 경영하는 요체로써 인간의 마음, 인간의 도리, 도를 논하는 방법, 국가공복의 의무, 세상의 운세 그리고 성인과 현인, 국가를 경영하는 요체 등을 주제로 한 공직자의 필독서이다. 〈2쇄〉

● 256쪽/값 6,000원

8. 논 어
金相培 해역

공자와 제자들의 사랑방 대화록. 공자(孔子)의 '배우고 때때로 익히면 즐겁지 아니한가.'로 시작되는 논어를 통해 공문 제자의 교육법을 알 수 있다. 〈5쇄〉

● 376쪽/값 8,000원

9. 맹 자
全壹煥 해역

난세를 다스리는 정치철학. 백성이란 생활을 유지할 생업이 있어야 변함없는 마음을 가질 수 있고, 생업이 없으면 변함없는 마음을 가질 수 없다. 〈4쇄〉

● 464쪽/값 10,000원

10. 시경
李相鎭·黃松文 해역

공자는 시(詩) 3백편을 한마디로 대변한다면 '사무사(思無邪)'라고 했다. 옛 성인들은 시경을 인간의 마음을 정화시키는 중요한 교육서로 삼았다. 각 시에 관련된 그림도 수록되어 있다. 〈2쇄〉
● 576쪽/값 12,000 원

11. 서경
李相鎭·姜明官 해역

요순(堯舜)시대부터 서주(西周)시대까지의 정사(政事)에 관한 모든 문서(文書)를 공자(孔子)가 수집하여 편찬한 책이다. 유학의 정치에 치중한 경전의 하나. 〈2쇄〉
● 444쪽/값 6,000 원

12. 주역
梁鶴馨 해역

주역은 신성한 경전도 신비한 기서(奇書)도 아니다. 보는 자의 관점에 따라 판단을 내리도록 하는 것이 역의 기본이치이다. 주역은 하나의 암시로 그 암시를 통해 문제를 해결해 나가는 것이다. 〈3쇄〉
● 496쪽/값 10,000 원

13. 노자도덕경
노재욱 편저

난세를 쉽게 사는 생존철학으로 인생은 속절없고 천지는 유구하다. 천지가 유구한 것은 무위 자연의 도를 수행하고 있기 때문이다. 제일 귀중한 것은 자기의 생명이다 라고 했다. 〈3쇄〉
● 256쪽/값 5,000 원

14. 장자
노재욱 편저

바람따라 구름따라 정처없이 노닐며 온 천하의 그 무엇에도 속박되는 것 없이 절대 자유로운 삶을 영위하는 소요에서부터 제물론, 응제왕편 등 장주(莊周)의 자유무애한 삶의 이야기이다. 〈3쇄〉
● 260쪽/값 6,000 원

15. 묵자
朴文鉉 해역

묵자(墨子)는 '사랑'을 주창한 철학자이며 실천가이다. 묵자의 이론은 단순하지만 그 이론을 지탱하는 무게는 끝없이 크다. 묵자의 '사랑'은 구체적이고 적극적이다.
● 552쪽/값 10,000 원

16. 효경
朴明用·黃松文 해역

효도의 개념을 정립한 것. 공자의 제자인 증자(曾子)는 효도의 마음가짐이 뛰어났다. 이 점을 간파한 공자가 증자에게 효도에 관한 언행을 전하여 기록하게 한 효의 이론서이다. 〈2쇄〉
● 232쪽/값 4,000 원

17. 한비자(상·하)
노재욱·조강환 해역

약육강식이 횡행하던 춘추전국시대에 순자의 성악설(性惡說)을 사상적 배경으로 받아들여 법의 절대주의를 역설하였다. 법 위주의 냉엄한 철학으로 이루어졌다. 〈2쇄〉
● 상·532 쪽/값 10,000 원 ● 하·512 쪽/값 9,000 원

18. 근사록
정영호 해역

내 삶의 지팡이. 송(宋)나라의 논어(論語)라 일컬어진 『근사록』은 송나라 성리학(性理學)을 집대성한 유학의 진수이다. 높은 차원의 철학적 사상과 학문이 쉽고 짧은 문장으로 다루어졌다. 〈4쇄〉
● 424쪽/값 8,000 원

19. 포박자
갈 홍 지음/장영창 편역

불로장생(不老長生), 이것은 모든 인간의 소망이며 기원의 대상이다. 인간은 죽음을 초월할 수 있는가? 불로불사(不老不死)의 약은 있는가? 등등. 인간들이 궁금해 하는 사연들이 조명되었다. 〈5쇄〉
● 280쪽/값 6,000 원

20. 여씨춘추 (12紀·8覽·6論)
鄭英昊 해역
● 12紀·376쪽/값 7,000 원
● 8覽·464쪽/값 9,000 원
● 6論·240쪽/값 4,000 원

진시황의 생부인 여불위(呂不韋)가 문객과 함께 심혈을 기울여 이룩한 저서로 사론서(史論書)이다. 유가(儒家)·도가(道家)·묵가(墨家)·병가(兵家)·명가(名家) 등의 설을 취합하고 있다. 『12기, 8람, 6론』으로 나뉘어 3천여 학자가 참여한 선진(先秦)시대의 학설과 사상을 총망라하여 다룬 백과전서이다. 〈2쇄〉

21. 고승전
혜 교 저/유월탄 편역

중국대륙에 불교가 들어 오면서 불가(佛家)의 오묘 불가사의한 행적들과 중국으로 전파되는 전도과정에서의 수난과 고통, 수도과정에서 보여주는 고승들의 행적 등을 기록한 기록문. 〈2쇄〉

● 260쪽/값 4,000원

22. 한문입문
최형주 해역

조선시대의 유치원 교육서라고 하는 천자문, 이천자문, 사자소학, 계몽편, 동몽선습이 수록됨. 또 관혼상제 등과 가족의 호칭법 등이 나열되고 간단한 제상차리는 법 등이 요약되었다. 〈3쇄〉

● 232쪽/값 5,000원

23. 열녀전
劉 向 저/박양숙 해역

역사에 큰 발자취를 남긴 89명의 여인들을 다룬 여성의 전기이다. 총 7권으로 구성되었으며 옛여성들이 지킨 도덕관을 한 눈에 볼 수 있는 교양서.

● 416쪽/값 7,000원

24. 육도삼략
조강환 해역

병법학의 최고봉인 무경칠서(武經七書) 가운데 두 가지의 책으로 3군을 지휘하고 국가를 방위하는데 필요한 저서이다. 『육도』와 『삼략』의 두 권이 하나로 합한 것이다. 〈3쇄〉

● 296쪽/값 7,000원

25. 주역참동계
최형주 해역

『주역참동계(周易參同契)』란 주나라의 역(易)이 노자의 도(道)와 연단술(練丹術)과 서로 섞여 통하며 『주역』과 연단은 음양을 벗어나지 못하며 노자의 도는 음양이 합치된다고 하였다. 〈3쇄〉

● 272쪽/값 6,000원

26. 한서예문지
이세열 해역

반고(班固)가 찬한 『한서(漢書)』 제30권에 들어 있는 동양고전의 서지학(書誌學)의 대사전이다. 한(漢)나라 이전의 모든 고전을 일목요연하게 볼 수 있는 서지학의 원조다.

● 328쪽/값 7,000원

27. 대대례
박양숙 해역

『대대례』의 정식 명칭은 『대대예기』이며 한(漢)나라 대덕(戴德)이 편찬한 저서로 공자(孔子)와 그의 제자들이 예에 관한 기록의 131편을 수집하여 집대성한 것이다.

● 344쪽/값 8,000원

28. 열 자
柳坪秀 해역

『열자』의 학문은 황제(黃帝)와 노자(老子)에 근본을 삼았고 열자 자신을 호칭하여 도가(道家)의 중시조라고 했다. 『열자』는 내용이 재미가 있고 어렵지 않은 것이 특징이다.

● 304쪽/값 7,000원

29. 법 언
揚雄 지음/崔亨柱 해역

전한(前漢)시대 사마상여(司馬相如)의 영향을 받아 대문장가가된 양웅(楊雄)의 문집이다. 양웅은 오로지 저술에 의해 이름을 남기고자 힘써 저술에 전념하였다.

● 312쪽/값 7,000원

30. 산해경
崔亨柱 해역

『산해경(山海經)』은 문학·사학·신화학·지리학·민속학·인류학·종교학·생물학·광물학·자원학 등 제반 분야를 총망라한 동양 최고의 기서(奇書)이며 박물지(博物志)이다.

● 408쪽/값 10,000원

31. 고사성어 (세상이 보인다 돋보기 엿보기)
송기섭 지음
● 304쪽/값 6,500원

일상생활에서 많이 쓰이는 중심되는 125개의 고사성어가 생기게 된 유래를 밝히고 1,000여개 고사성어의 유사언어와 반대되는 말, 속어, 준말, 자해(字解) 등을 자세하게 실어 이해를 도왔다.

32. 명심보감 · 격몽요결

박양숙 해역
● 280쪽/값 6,000원

인간 기본 소양의 명심보감과 공부하는 지침을 가르쳐 주는 격몽요결, 학교의 운영과 학생들의 행동에 대한 모범안을 보여주는 율곡 이이(李珥) 선생의 학교모범으로 이루어졌다.

33. 이향견문록

劉在建 엮음／李相鎭 해역
● 상·352쪽/값 8,000원 ● 하·352쪽/값 8,000원

일반적으로 많이 알려지지 않은 숨은 이야기 모음이다. 소문으로 알려져 있는 평범한 이야기도 있고, 기이한 이야기도 있고, 유명한 사람의 이야기를 능가하는 이야기도 있다.

34. 성학십도와 동국십팔선정

이상진 外 2인 해역
● 248쪽/값 6,000원

성학십도는 어린 선조(宣祖)가 성군(聖君)이 되기를 바라는 마음에서 퇴계 이황이 마지막 충절을 다해 집필한 것이다.
동국십팔선정은 우리나라 사람으로서 성균관의 문묘(文廟)에 배향(配享)된 대유학자 18명의 발자취를 나열한 것이다.

35. 시자

신용철 해역
● 240쪽/값 6,000원

진(秦)나라 재상 상앙의 스승이었다는 시교의 저서로 인의(仁義)를 바탕에 깔고 유가(儒家)의 덕치(德治)를 바탕으로 '정명(正名)과 명분(名分)'을 내세워 형벌을 주창하였다.

36. 유몽영

張潮 지음·박양숙 해역
● 240쪽/값 6,000원

장조(張潮)가 쓴 중국 청대(淸代)의 수필 소품문학의 백미(白眉)로, 도학자(道學者)다운 자세와 차원높은 은유로 인간의 진솔한 삶의 방법과 존재가치를 탐구하였다.

37. 채근담

박양숙 해역
● 288쪽/값 7,000원

명(明)나라 때 홍자성(洪自誠)이 지은 저서로 하늘의 이치와 인간의 정(情)을 근본으로 삼아 덕행을 숭상하고 명예와 이익을 가볍게 보아 담박한 삶의 참맛을 찾는 길을 모색하였다.

38. 수신기

干寶 지음/전병구 번역
● 462쪽/값 10,000원

동진(東晋)의 간보(干寶)가 지은 것으로 '신괴(神怪)한 것을 찾다'와 같이 '귀신을 수색한다'의 뜻으로 신선, 도사, 기인, 괴물), 귀신 등등의 이야기로 이루어져 있다.

39. 당의통략

이덕일, 이준영 해역
● 457쪽/값 10,000원

조선 말기의 정치가이며 학자인 이건창이 지은 책으로 선조(宣祖) 때부터 영조(英祖) 때까지의 당쟁사이다. 음모와 모략, 드디어 영조가 대탕평을 펼치게 되는 일에서 끝을 맺었다.

40. 거울로 보는 관상 (원제 : 麻衣相法)

辛盛銀 엮음
● 400쪽/값 15,000원

달마조사와 마의선사의 상법(相法)을 300여 도록을 완비하여 넣고 완전 현대문으로 재해석하여 누구나 쉽게 알 수 있도록 꾸민 관상학의 해설서

41. 다경

朴良淑 해역
● 235쪽/값 7,000원

당(唐)나라 육우(陸羽)의 『다경(茶經)』과 일본의 영서(榮西)선사의 『끽다양생기』를 합하여 현대문으로 재해석하고 도록으로 차와 건강을 설명하여 전통차의 효용성과 커피의 실용성을 곁들여 다루었다.

동양학총서〔42〕
음즐록(陰騭錄)

▨동양학 편집고문
 柳斗永, 朴良淑, 金官楷
▨동양학 편집위원
 金相培, 金鍾元, 金昌完, 朴文鉉, 朴鍾巨, 宋基燮,
 辛盛銀, 李德一, 李相鎭, 李世烈, 任軒永, 全秉九,
 全壹煥, 曹康煥, 崔桂林, 趙應泰, 黃松文(가나다 順)

회   장 : 정우영
상임고문 : 양태조
교   열 : 이준영
편   집 : 홍윤정
교   정 : 강화진
표지장정 : 윤창율
전산조판 : 태광문화사
인   쇄 : 남양인쇄
제   본 : 기성제책사
유   통 : (주)문화유통북스

판	권
본	사
소	유

단기 4332(서기 1999)년 3월 29일 초판1쇄 인쇄
단기 4332(서기 1999)년 4월 5일 초판1쇄 발행

해역자 ― 鄭 佑 永
펴낸이 ― 李 俊 寧

펴낸곳 ― 자유문고
150 - 046
서울 영등포구 당산동6가 121-73 영등빌딩 B동 401호
전화·637-8988·676-9759(FAX)
등록·제2-93호(1979. 12. 31)

정가 6,000원 ISBN 89-7030-043-0 03150

※잘못 만들어진 책은 구입하신 서점에서 바꿔드립니다.